# LE GOVVERNEMENT DE LA CAVALLERIE LEGERE.

TRAICTÉ

*Qui comprend mesme ce qui concerne la graue, pour l'intelligence des Capitaines, reduite en Art par plusieurs excellens Preceptes, & representé par figures.*

PAR

GEORGE BASTA, Comte du S. Empire Romain en Hust & Marmaros, Libre Baron & Seigneur de Tropauie en Silese, & Sultz en Flandre,

Gouuerneur General en Vngrie & Transiluanie pour feu l'Inuictissime Empereur Rodolphe II. de glorieuse memoire, & Lieutenant general des armees de sa Maiesté.



A ROVEN,
Chez IEAN BERTHELIN, dans la Court du Palais.

1616.

1# 10 p.

V

V. 466

A
# TRES-HAVT, ET PVISSANT
SEIGNEVR, MESSIRE HERCVLES de Rohan, Duc de Mont-bazon, Pair & grand Veneur de France, Lieutenant General pour le Roy au gouuernement de Normandie, Comté & Euesché de Nantes.

MONSEIGNEVR,

Ce Liure auquel ie faits reuoir le iour, sur l'occasion & le besoin que l'on a des ordres qu'il enseigne, se rend si recommandable par son Autheur, vray fils des camps & pere des armées, que son nom seul suffist aux plus experimentez Capitaines pour en faire tel iugement que lon doit. Mais dautant que lon estime ordinairement les presens selon la main d'où ils viennent: Ie prends la hardiesse de l'offrir à la Noblesse de ce Royaume, Comme par la vostre, C'est à dire, de donner aux braues de cest aage, les preceptes de la science & vertu militaire, & de l'ordre principallement qui en est l'ame. où pour comprendre tout ce qui s'en peut dire en vn mot la parfaite Endelechie, C'eſt pourquoy ie me ſuis cõfirmé en ceſte creance que vous tout le premier le regarderez d'vn bon œil, comme appartenant purement à la profeſsion qui vous illuſtre par deſſus vos plus releuées qualitez, & qu'à voſtre exemple auſſi, toutes gens de valeur & de merite le voudront manier, comme les elemens de la plus braue diſcipline du monde, & au moyen de laquelle s'acquierent les victoires afin de ſe rendre capables de la glorieuſe pratique de ceſte theorie, en toutes les occaſions qui ſe preſenteront deſormais de ſeruir le Roy & le pays. C'eſt le but que i'ay eu en la publicatiõ de cét ouurage, qui ne peut eſtre trop commun pour le grand fruict qu'en peuuent receuoir tous ceux qui traitent les armes: auſquels ce me ſera touſiours honneur de plaire & de ſeruir en ce qui dépend de ma vocation. Sous ceſte aſſeurance, ie me preſente à vous, MONSEIGNEVR, Et vous ſupplie daigner accepter auec ce volume les vœux de ma tres-humble ſeruitude, recognoiſſant le deſir que i'ay eu de faire choſe qui vous ſoit agreable & vtile au public, & me faiſant l'honneur, me tenir

*MONSEIGNEVR,*

*Voſtre tres-humble, & tres-obeiſſant ſeruiteur,*

IEAN BERTHELIN.

# DV GOVVERNEMENT DE LA CAVALLERIE LEGERE.

## Traicté DV COMTE GEORGE BASTA.

### PREFACE DE L'AVTHEVR.

*IE ne me puis assez esmerueiller, qu'en si grand nombre d'Autheurs, tant anciens que modernes, qui ont traicté de la discipline militaire, en ramassant les preceptes auec si grande diligence, ne s'est trouué aucun, qui ait escrit à plein ce qui concerne la Cauallerie: mais qu'employans tout leur labeur autour des ordres de l'Infanterie, n'y ont à peine touché, où s'ils ont dit quelque chose, ce n'a esté que comme en passant, de ceste tant noble & principale partie d'vne armee, selon le commun consentement de tous ceux qui en font profeßion; Et ce qui importe le plus, dont le maniement est difficile, comme celle qui exposee à plus grand mouuement, moins vny, & moins capable de moderation, vient außi à estre trauaillee d'accidens plus estranges. Dequoy en recerchant les raisons, celle-cy me semble estre la principale, à sçauoir que ces Autheurs n'ont examiné que le train de guerre des plus fameux & renommez qui ont esté au monde, comme celuy des Grecs & des Romains; desquels toute la force estant en l'infanterie, on ne fit trop de conte de la Cauallerie: comme l'on voit des Romains, lesquels en vne legion pour cinq à six mille pietons, n'admettoyent plus de trois cens cheuaux. Chose qui, peut estre, procedoit, de ce qu'ayant au commencement des confins estroits, ils ne peurent entretenir si grand nombre de cheuaux: & se trouuans auec leur infanterie, auec le temps, tellement auancez, qu'ils pouuoient vaincre ceux qui les surmontoyent en nombre de Cauallerie, ils y ont mis tout leur appuy & effort. Les Grecs außi, diuisez en plusieurs republiques, & chacune ayant ses loix propres: il n'y auoit nulle qui a part soy fust suffisante de faire leuee de quelque troupe remarquable de cheuaux. Et outre ce, faisant la plus part leurs exploits par mer, ils taschoient de se pourvoir plustost de bonne infanterie pour les armées, que de grand nombre de cheuaux.*

Raison de ce que iusques à present on n'a gueres traicté du maniement de la Cauallerie.

*Mais s'il m'est licite d'en dire rondement mon aduis: il me semble, qu'autre n'en est la*

Autre raison de l'Autheur.

Les Romains n'ont eu cognoissance de l'vsage de la Cauallerie.

Vsage de la Cauallerie entre les anciens.

*raison, sinon la faute de cognoissance de la force, vsage & ordonnance cauallaresque. Et qu'ainsi soit, quel effect pouuoit-on attendre, en vne rencontre, & au heurt d'vne debile lance, de ces hommes à cheual, sans estriuieres, selle ny frein? quelle vnion & effort au choc, principallement estant meslez de pietons? Et au plus grand besoin, quand plus ils se deuoyent restraindre, pour faire vne impression plus viue, on lit, leur auoir esté commandé d'oster la bride aux cheuaux, & se lancer ainsi sur l'ennemy, pour le mettre en desordre. Et pour secourir l'infanterie aux plus grandes necessitez, il n'y auoit remede plus expedient, que mettre pied à terre, & penetrer par les flancqs ou espaules iusques au front des rangs. Toutes lesquelles choses demonstrent assez que les Romains n'eurent aucune cognoissance de l'vsage de ceste partie de la milice.*

*Et combien qu'au declin de l'Empire, par les courses & irruptions des barbares, la Cauallerie vint à estre estimee en Italie, toutesfois, n'y ayant en ces troubles & meslinges de tant de nations estranges, personne, qui se mit à la reduire en ordre, & la comprendre sous quelques preceptes & regles d'art, elle demeura ainsi confuse, de sorte que toute la reputation des armes retomba sur l'infanterie, lors que Charles VIII. Roy de France courut ceste prouince, armé plus de pietons, que de cheuaux. Et en lisant les exploits des hommes d'armes de ce temps, il y a bien à rire, les voyant plus propres pour faire vne barriere, que pour liurer ou soustenir vne bataille. Et és guerres de Piemont passees deuant peu d'annees, combien qu'il y eut quelque nombre de Cauallerie legere, si n'estoit-elle d'autre effect, que pour trauailler l'ennemy par ses courses, ou attaquer quelques escarmouches, ou prendre langue, & faire autres semblables offices, qui ne sont des batailles rangees.*

Duc d'Alue commença en Flandre, à donner regle à la Cauallerie legere.

*Mais à present, depuis la venuë du Duc d'Alue en Flandres, lequel, pour n'estre contraint de leuer chaque annee nouuelle Cauallerie, ou pour autres raisons, procura par tous moyens possibles, de tellement raffiner la legere, qu'il s'en peut seruir à la façon des hommes d'armes, és batailles, en faisant des esquadrons: elle est remontée en grande reputation. Et maintenant en ceste longue guerre, à l'encontre des ennemis puissans, de mesme armure & valeur, l'exercice continuel, en a tellement raffiné l'vsage, qu'on peut certainement affermer, que si la milice à present a quelque reputation ou forme, elle l'a acquise en ces pays-bas. Esquels ayant seruy quarante ans, & monté de soldat priué, par tous les degrez, iusques à celuy de Commissaire general de la Cauallerie, il a semblé bon à quelques amis, de me prier, que ie misse par escrit toutes les obseruations & regles, que le long temps & l'experience en ce mestier m'ont monstré. Dequoy, combien que recognoissant le peu de suffisance d'escrire si proprement & élegamment que la matiere requeroit, qu'il y a en moy, tousiours plus addonné aux operations, & cognoissance de ces choses, qu'à les noter, & en exercer le stile, ie ne les ay toutesfois voulu esconduire: outre ce que le desir que i'ay, que ceste partie tant noble du train de la guerre soit cognuë, & gouuernee auec certaines regles, & non à l'aduis & fantasie d'vn chacun, m'inuite à monstrer quelques miennes obseruations, auec espoir qu'il y aura encor quelques autres, qui y adioustant quelques autres preceptes, pour l'vtilité de la posterité, augmenteront, & parferont ce mien œuure: me contentant de ce peu de gloire qui m'en peut reuenir, d'auoir esté le premier, à reduire le gouuernement de la Cauallerie legere en forme d'Art: presupposant tousiours l'vsage, & les coustumes de la Flandre, en laquelle ces discours sont recueillis.*

George Basta le premier qui a reduit le gouuernement de la Cauallerie legere en Art.

*Ioint qu'à ce faire, ie ne suis peu incité par l'occasion de raconter en ce discours, plusieurs exploits, faits de mon temps; auec la memoire de ceux qui les ont executez, tant pour honorer ceux qui le meritent, que pour rendre tesmoignage de veuë des tres-loüables faicts de quelques vns: & ce d'autant que i'apperçoy, que la plus part des Autheurs, (ie ne sçay pour quelles raisons) nomment seulement les grands & plus signalez personnages, leur plume desdaignant, ie ne dis pas les moindres, mais aussi les mediocres, qui ordinairement sont les principaux moyenneurs des bons succez: & ce non sans soupçon d'adulation, ou de fausse relation, subornee souuentesfois des grands, mesmes pour se faire voir, ou aduancer ceux qui dépendent d'eux. De là voit-on les histoires confuses, & les exploits peruertis, en ces Autheurs qui se fondent sur les relations des priuez, comme on voit d'vn certain, duquel pour l'honneur de la nation, ie ne veux publier le nom, qui faisant profession d'escrire les guerres de son temps en ces Estats, raconte plusieurs succez autrement qu'ils ne sont passez, se pouuant bien excuser de ce trauail. Quant à moy, ce que i'escris, ie l'escris tant plus volontiers, qu'il sera publié en temps, que plusieurs qui s'y sont trouuez presens, seront encor en vie, pour en confirmer la verité par leur tesmoignage. Priant aussi cependant les Lecteurs, que s'ils rencontrent quelques vns de mes propres exploits espars par ce discours, ils ne l'attribuent à quelque vaine ambition, ains au desir de leur proposer les obseruations des choses nouuelles, tant maniées de moy-mesme, que veuës d'autruy, où entenduës & referées de plus, d'vn tesmoin digne de foy, & cognuës publiquement en ces armées de Flandre.*

# ADVERTISSEMENT TOVCHANT LES FIGVRES.

VOICY, amy Lecteur, les traces & demonstrations plus necessaires de toutes les actions cauallerefques & militaires, d'armer, loger, marcher, combattre en forme plaine, ne les ayant voulu proposer en perspectiue, qui auroit bien plus d'apparence : mais outre ce que les peintres n'en ont trop certaine experience, il y auroit aussi eu moins de profit pour les soldats, qui ne sont tous capables de la varieté de leurs fantasies. Ioint qu'elle n'est trop conuenable pour representer toutes les particularitez plus necessaires à l'intelligence de la distinction des lieux; voire, confond ce qui est de plus grande importance, à sçauoir la clarté des preceptes. I'ay obmis quelques bagatelles qui delectent sans enseignement, m'estant contenu és preceptes plus certains, & solides de l'Art. Aussi n'ay-ie fait conte de quelques exploits qui ne sont, ou bien peu militaires, comme d'aller à la piccoree, au fourrage, au conuoy, & semblables, auec quelques autres communs, & entendus mesme des nouices, m'arrestant seulement à l'vtilité, clarté, & proprieté des temps, des situations, des exploits, auec toutes les diligences & cautelles, qui de tous Capitaines, Officiers, & soldats doiuent estre obseruees. Et pour ne multiplier les figures, ie te les presente en la maniere plus difficile, de temps & de lieu, veu qu'és faciles, chacun s'y peut accommoder. Et sçache que ie ne me suis auancé d'vn seul poinct outre l'intention de l'Autheur, Capitaine experimenté, & suffisant pour monstrer ce qui y est requis: comme tu verras en les conferant diligemment auec la description par luy faicte, en laquelle tu noteras, pour mieux entendre les figures, les distances dont il fait mention, comme s'ensuit.

*Distance*

- D'vne sentinelle à l'autre 200 pas : toutesfois auec ses exceptions.
- D'vne trouppe d'auant-coureurs à l'autre, és redoublez, & de ceux-ci aux sentinelles 300 pas, auec l'exception des lieux estroits.
- De l'auant-garde au bataillon, & de là à l'arrieregarde 300 pas, auec ses exceptions.
- De l'vne trouppe à l'autre, marchant par des lieux estroicts 100 pas.
- Des trouppes d'arqueb. du flanc des lances en combattant, 30 ou 40 pas, en quelconque ordonnance ou lieu que ce soit.
- Des arqueb. de l'ennemy, pour faire leurs tirs 40 pas.
- Des lances de l'ennemy pour commencer leur carriere 60 pas.
- De l'vne trouppe derriere l'autre en combattant 60 pas, auec ses exceptions.
- De la corace suiuant la lance pour attaquer 60 pas.

Toutes les autres particularitez seront facilement obseruées du Lecteur attentif.

# TABLE DES CHAPITRES PARTICVLIERS DE CHASQVE LIVRE.

## LIVRE I.



## LIVRE II.

Comment la Cauallerie doit estre logee.



## LIVRE III. Du marcher.



## LIVRE IV. Du rang de bataille.



DV

# DV GOVVERNEMENT DE LA CAVALLERIE LEGERE.

## LIVRE PREMIER.

*Contenu de tout ce discours.*

*M'ESTANT en particulier employé & exercé au mestier des armes, iusques à quarante ans autour de la Cauallerie, ie ne suis toutesfois d'aduis d'en traitter en general selon toutes les especes & vsages : ains me restraindray en ce discours à la Cauallerie legere, parlant d'icelle seulement, comme elle est consideree à part soy, c'est à dire, separee de toute infanterie, & comme elle eschet sous le gouuernement du Commissaire general; estant de l'office du Maistre de camp, de la ranger en bataille.*

Le traitté de la Cauallerie de George Basta, ne comprend aucune infanterie.

*Toute ceste consideration se peut reduire à quatre poincts principaux, selon lesquels ie partageray ce discours en quatre liures:*

*I. De la leuée de gens.*
*II. De regles pour les logis.*
*III. De l'ordre au marcher.*
*IV. De la maniere de la ranger en bataille.*

*Quant à la leuée, il y a deux choses à considerer : l'vne, de l'election des officiers; & l'autre des soldats. Et touchant les officiers, i'en parleray premierement en general, & puis en particulier, assignant à vn chacun ses qualitez & les termes de son office. Et des soldats, i'en deduiray la disposition tant du corps que de l'esprit, y adioustant la qualité & vsage tant des armes, que des cheuaux requis.*

---

### CHAPITRE I.

*Des Officiers en general.*

C'EST vne chose bien estrange, que comme au gouuernement politique, chacun esmeu par vne impression naturelle, tant d'estime que d'amour de soy-mesme, se persuade sans aucune experience estre suffisant pour gouuerner, & commander à autruy : là où en tous autres affaires & mestiers, on tasche tousiours d'apprendre des bons maistres, deuant de les vouloir exercer: comme aussi on void que pour se pouruoir des

La plus part des hommes naturellement poussez au desir de dominer.

choses necessaires, on ne s'addresse qu'à ceux, qui sont bien adroits pour les preparer, en sorte que pour ferrer le cheual on ne va au sellier, & pour refaire la selle, au mareschal, ou à autres semblables : qu'ainsi en ce mestier des armes, si difficile & dangereux, se trouuent plusieurs, qui cerchent d'estre Capitaines deuant qu'auoir esté soldats, de commander deuant qu'auoir appris par l'obeissance la forme du commandement. Chose qui, selon que ie peux entendre ou comprendre, ne procede d'autre part, que de l'ignorance, mere feconde de tous erreurs. Car si leur fin, comme il deuroit estre, fut l'honneur, & s'ils cognussent combien l'estat d'vn soldat est fragile & muable, & qu'en vn moment on peut perdre toute la reputation acquise en beaucoup d'annees, les erreurs ou fautes de guerre qui n'admettent aucun amendement, comme il aduient en autres mestiers, estant incontinent suiuies de la punition; Et si comme moy, ils eussent veu, plusieurs chassez honteusement de l'armee, ou declarez infames, & autres passez par les mains du bourreau; ie suis bien asseuré, que deuant d'exercer vne si dangereuse profession, ils tascheroient d'apprendre les choses qui y sont requises, auec grand soin & diligence. Bien grande est aussi la legereté & promptitude de ceux, qui n'ont autre pretension que la noblesse, à laquelle ils se persuadent estre deu tout honneur, encor qu'ils ne le meritent ; & la folie d'autres, qui à table estant grands languards, & és places & ruës presentent la braueté de leur stature & personne, se iugent dignes des plus hauts degrez. Ie ne nie point, que semblables qualitez ne donnent à vn officier quelque respect: mais pour gouuerner & commander en la guerre, il y faut bien autres choses, & plus essentielles, à sçauoir l'experience & dexterité, voye vrayement royale & asseuree, pour te conduire de degré en degré sans danger de te fouruoyer (ou t'aheurter à quelques aspretez, qui te pourroient faire broncher & tomber en quelque precipice) au vray palais d'honneur.

*Exercice militaire suiet à beaucoup de dangers, sans celuy de l'ennemy.*

*La Noblesse sans autre merite, n'est suffisante pour commander en guerre.*

L'obeissance pour quelque temps, donne certaines passions que la nature excite: principalement en ieunes gens, bien vehementes, & qui en vn chef seroient fort dangereuses. Elle accoustume l'homme au danger, & le rend courageux, de sorte qu'assailli subitement, sans s'estonner il se puisse resoudre & prendre nouueau party: chose tres-necessaire à celuy qui doit commander. Ioint que de l'accoustumance au trauail, à veilles, faim, soif, pluyes & glaces, & l'ascente de degré en degré, de chef d'esquadron au furier, de là au porte enseigne, de là au lieutenant, il apprend par le menu, ce qui est de chacun office, & par ce moyen ce qui est du deuoir du Capitaine, deuant qu'arriuer à la charge. Il apprend l'artifice de hanter les soldats, pour les entretenir en bonne affection & en reuerence. Il apprend leur dexterité, fidelité & diligence en l'execution des commandemens de leurs superieurs, pour les pouuoir en apres choisir, comme executeurs ordinaires des conseils de la guerre: chose aussi & de grande importance, & à laquelle il faut auoir l'œil bien ouuert.

*Necessité de l'obeissance deuant de commander.*

*Soldat accoustumé aux dangers ne s'y trouble, ains plustost se resoud à prendre meilleur party.*

Qu'vn officier donc, Capitaine ou conducteur sçache, qu'il ne se peut poser fondement plus seur de son auancement, que quand, sans aucune exception, il se propose pour sa derniere fin l'honneur, en y aspirant iusques au

*Officier de guerre se doit proposer pour derniere fin l'honneur: & y aspirer aux plus hauts degrez.*

plus haut degré par les moyens & voyes deuës, à sçauoir de valeur : Chose qui luy seruira comme d'vn esguillon perpetuel, non seulement à se rendre irreprehensible, mais aussi tres-digne de toute faueur. De là il prendra occasion de penser, que sa vigilance ne sera iamais superfluë, ou mesme bastante, pour ne perdre quelque occasion qui se presente, de quelque braue exploit, & par ce moyen, ira tousiours recerchant & procurant de sçauoir, ce que son ennemy fait ou entreprend, pour le preuenir : ou & comment il se trouue, pour l'assaillir ou luy faire quelque dommage ; ayant tousiours deuant soy ceste maxime, qu'en la guerre on ne peut faire chose grande & remarquable sans danger & diligence. Et pour tenir tousiours ce chemin net, qu'il se garde comme d'vne peste tres-dangereuse, de se confier trop en son propre iugement & vaillantise, sans en faire part à ses officiers. Lesquels aussi il doit bien cognoistre, & pouuoir iuger de leur valeur, pour les entretenir en bonne haleine & bien affectionnez ; poinct non seulement necessaire, mais aussi tres-essentiel pour le bon gouuernement. Et n'y a chose plus belle en vn Capitaine, que de sçauoir auec dexterité iuger de l'inclination, & du naturel d'vn chacun des siens, & discerner quel sera plus propre pour cest effect, & quel pour vn autre exploict.

Maxime generale, que sans danger on ne fait en guerre chose signalee.

Chef de guerre ne se doit tant fier de son propre iugement, qu'il n'en face part à ses officiers.

Comme de fait on trouuera tel, qui sera propre pour prendre langue, qui toutesfois ne pourra seruir pour recognoistre vn lieu: & au contraire, tel qui propre à cecy, ne seruira toutesfois de rien pour prendre langue, tant pour la debilité de sa complexion, que pour plusieurs autres inconueniens dont cest office est accompagné, & que souuent il se faut tenir plus qu'vne nuict és embusches. Aucuns reussiront meilleurs, és courses & escarmouches, qu'és grosses batailles.

Chef doit sçauoir dextremét iuger de l'habilité & inclination de ses soldats.

Toutes lesquelles diuersitez doiuent estre remarquées, afin que le commandement se conformant au naturel du soldat, & officier, l'effect en sera plus facile, & l'operation plus parfaite.

Il y a tousiours, sans les officiers ordinaires, és compagnies, quelques vieux soldats, ou autres gens de bon esprit, ausquels il aduient souuent de dire quelque mot à propos, & donner occasion à y penser plus auant : dont les discours auec des tels, non seulement te pourroit ouurir les yeux, mais aussi te les rend plus affectionnez, & leur donne plus d'efficace pour l'execution de tes commandemens.

Chef de guerre discourra aucunefois auec des vieux soldats, ou gens d'esprit, & pourquoy.

A toutes ces diligences il y faut aussi adiouster celle-cy, à sçauoir de recognoistre les hommes de bien & vaillans, & les vils ou couards, pour caresser ceux-là, & les ayder ou auancer, comme ceux desquels on espere ayde & honneur en l'occurrence, & se depestrer de ceux-cy, auant que d'en receuoir quelque lasche tour. Dont le Capitaine s'acquerra tres-grand credit entre les siens : & l'occasion se presentant, ne doutera de s'auancer en tels exploicts, qui de prime-face, le pourroient faire soupçonner de trop grande audace.

Capitaine caressera & auancera les bons soldats, & pourquoy.

Au contraire, il n'y a faute plus lourde, ou plus dangereuse en vn chef, que de se proposer certain terme ou degré d'honneur, en sorte qu'y estant

Capitaine ayant autre fin que l'honneur, cause plusieurs inconueniens en vne armee.

paruenu, il ne pense ou pretende plus auant: Veu qu'vn tel ne faudra d'essayer tous les moyens, pour y paruenir bien tost. Et mesmes s'y voyant mal propre, se fera neantmoins fort, de se maintenir en reputation, par le soustien de quelque officier de credit, ou par autres moyens, iusques à ce qu'il en vienne à bout. Et de là voit-on quelques Capitaines, qui pour quelque temps s'efforçans, mesme contre leur naturel, deuiennent sur la fin lasches, & comme endormis, sans se soucier de leur charge, commandans, s'il y a quelque chose à commander, à la volee, sans ordre & discretion: Dont aussi ils perdent tout leur credit & respect entre leurs soldats. Et ce tant plus facilement, que s'estans proposez autre fin que l'honneur ( qui ne peut estre autre, que quelque propre & particuliere vtilité ) on les voit tombez en l'auarice, ou autres defauts semblables, qui engendrent le mespris & iuste haine. Et quant à ce que ie dis de tels defauts, ie voudrois qu'il fut bien pesé d'vn Capitaine: veu que sans cela toutes les diligences susdites, ne seront d'aucun profit. Qu'il sçache donc, qu'il n'y a chose qui luy engendre plus facilement vn mespris, entre ses soldats, que le soupçon de peu de liberalité, ou d'vne vilaine auarice: à laquelle le ieu, qui le peut pousser iusques à mettre la main sur les payemens des soldats, ou faire autres laschetez, donne grande occasion. Au reste, au lieu de se vestir pompeusement, il se delecte de bonnes armes, & cheual, esquels souuent & l'honneur & la vie consistent. Qu'il soit sobre & continent, en sorte, qu'outre ce qu'il euite tous despens superflus, il soit tousiours libre & prompt à procurer ce qui est de sa charge. Et, ce qui plus importe, qu'il serue d'exemple à ses soldats, de ce qu'ils auront à faire, veu qu'ordinairement, tel qu'est le superieur, tels sont aussi les subiects. Dont s'il est addonné à luxure, yurongnerie & gourmandise, le soldat aussi ne s'en abstiendra, se persuadant, que ce seroit hors de toute raison, si on l'en vouloit reprendre ou chastier: Voire le chef mesme, retenu d'vne certaine accusation de sa conscience, n'aura la liberté requise en la reprehension.

Capitaine auare mesprisé des soldats.

Continence requise en vn Capitaine.

Les vices des Capitaines passent aux soldats.

En somme, & pour conclusion de toutes les qualitez requises en vn chef, qu'il y ait comme origine & fondement de toute perfection, la crainte de Dieu, se tenant non seulement à l'exterieur, mais aussi à l'interieur, tant que faire se peut irreprehensible: asseuré qu'il n'y a chose plus contraire à la vraye vaillantise, qu'vne conscience troublee & entaschee. Car estant certain que nul mal ne demeure impuny; & tout homme estant ialoux de son salut; il n'y a point de faute, qu'aux dangers de la vie, se resentant des remords aussi de la conscience, l'apprehension & la frayeur s'en redoublant, oste tout le courage & valeur à la personne. Et ceste est la vraye voye selon laquelle, apres s'estre reformé soy-mesme, on peut aussi facilement reformer les soldats, & les rendre prompts & habiles à toute honorable entreprise.

Crainte de Dieu requise sur toutes choses en vn Capitaine.

Cõscience troublée redouble l'espouuantemẽt de la mort, & auilit la personne.

## CHAPITRE II.

### *Du Commissaire general.*

LA charge du Commissaire general, est l'vne des plus belles, qui se trouue en vne armee, à raison du total maniement qu'il a d'vn si noble membre d'icelle. Et combien que le General ou Lieutenant de la cauallerie luy commandent en plusieurs choses : toutesfois l'execution & le commandement sur les Capitaines des compagnies particulieres, estant de sa charge: & estant celuy qui rend conte des succez, c'est à bon droit, que quand on parle du chef de la cauallerie, on y entend ledit Commissaire. Excellence de la charge du Commissaire general.

Or cest office n'estant trop ancien, on a disputé depuis peu d'annees en çà, quelle en estoit l'authorité & effect: aucuns voulans, qu'il seruist de Sergent maior: combien que de fait il s'approche de plus pres de celuy de Maistre de camp : c'est à dire de la troisiéme personne de la cauallerie. Et de ce que le nom ne luy a esté donné incontinent, la cause en peut estre, le respect qu'on auoit au Lieutenant: ne semblant chose decente de donner plus grand titre à vne charge qui estoit moindre : ou bien peut estre procedee de son origine & commencement, qui fut deuant enuiron quarante ans, quand Don Ferrante Gonzaga estoit Capitaine de l'Estat de Milan, auquel c'estoit vn office, dont dépendoit le soin de loger les compagnies audit estat, en donnant les commissions par escrit aux Capitaines & communes des villes, esquelles lesdites compagnies doiuent estre logees; dont il a receu le nom, d'estre appellé le Commissaire general de l'Estat. Origine du nom & office du Cōmissaire general.

Ledit Gonzaga ayant donné grand credit à vn certain Iean Baptiste Croccian, dit le Romain, auquel il auoit recommandé le gouuernement de la cauallerie ; entre autres charges non visitees iusques alors en aucun des Estats du Roy Catholique, il luy donna aussi celle de loger & desloger les compagnies ; dont luy demeura le titre de Commissaire general ; combien qu'en temps de paix cest office retournast sur le Commissaire d'Estat. Premier Commissaire general.

L'an 1583. y estant arriué pour General le Marquis de Pescara, personnage fort ieune, & qui s'appuyoit beaucoup aux conseils dudit Croccian, à raison de la bonne experience qu'il s'estoit acquise au long exercice de ceste charge, & principalement pource qu'il n'auoit point de Lieutenant, luy adiousta, sans toutesfois changer le nom de Commissaire, beaucoup d'authorité, comme i'ay veu & leu en vne instruction à luy donnee, à sçauoir, de commander aux Capitaines, de nommer les places de monstre, de faire les billets pour accepter ou casser quelqu'vn, voire (combien que le Veedores & Contadores Espagnols n'y voulussent consentir) de recercher & chasser des compagnies, qui n'auoit & cheual & armes, & autres choses requises. En outre, en l'election & repartiment des quartiers, tout dépendoit de son authorité.

A ce Romain succeda son nepueu Octauian Croccian, qui ne retint ne la compagnie, ne l'entiere authorité de son grand pere. Cestuy-ci vint en Flandre auec le Duc d'Alue, & au bout de quarante ans il fut renuoyé en Italie, ou il mourut auec la mesme charge. Second Commissaire.

Troisiesme cõmissaire.

Apres fut esleu en Flandre Don Adrian de Gara Espagnol, lequel se laissa vsurper & emporter beaucoup de la premiere authorité.

Quatriesme Commissaire.

A cestuy-ci succeda le Medina, lequel trouuant que Don Bernardin de Mendoza, & Iean Baptista du Mont, Capitaines, chacun d'vne compagnie, auoient entre-eux reparti la cauallerie, en sorte que l'vn commandoit à la nation Espagnole, & l'autre à l'Italienne, sans auoir esgard à l'authorité de sa charge, se laissa aussi commander d'eux: dont ladite charge perdit assez de sa reputation.

Cinquiesme Commissaire.

Audit Medina occis en vne chaussee sous la ville de Mastricht, succeda Antoine d'Oliuiera, lequel apres beaucoup de debats, la reduit à la premiere authorité, ayant obtenu du Duc de Parme, en lieu des lances, que le Romain auoit euës, vne compagnie d'arquebusiers ou carrabins.

George Bassa, sixiesme Commissaire: & cõment il entretint & accreut son autorité.

Audit Oliuiera, ie succeday, auec la mesme compagnie. Au commencement les Capitaines firent l'essay, de se soustraire de mon obeissance: mais en fin le Duc de Parme declara que le Commissaire seroit la troisiesme personne de la cauallerie; & qu'en absence du general & du lieutenant, il eust à commander. Apres laquelle declaration, i'ay exercé ladite charge entiere par l'espace de treize ans, sans aucune contradiction, tant és guerres du Pays-bas, qu'en celles de France: & és quatre annees dernieres, ne General ne Lieutenant y estans presens, principalement au second voyage que le Duc fit en France, i'ostay les compagnies aux Capitaines, fis emprisonner des officiers, & administrer la iustice aux soldats, non autrement que le General eust peu faire.

Mais si quelcun me dit, que le Maistre de Camp general de l'armee eslit & distribuë les quartiers, y donne les ordres, & commande en choses semblables au Commissaire: Ie luy responds, qu'icy ie parle de la cauallerie à part soy, hors du reste de l'armee, en laquelle il est requis qu'il y ait office, qui dispose les membres, chacun en son lieu: Puis encor en cest endroit, il suffit au Commissaire, que luy estant assigné vn lieu, qui pour certains respects raisonnables, ne fut à son contentement, il en puisse auec protestation demander le changement audit Maistre de camp, comme celuy duquel on demanderoit compte de quelque mauuais succez: Raison suffisante, & qui à bon droict deuoit deliurer le Commissaire des commandemens mesmes du General, & beaucoup plus, de celuy du Lieutenant general.

Commissaire general peut auec protestation demander le changement des lieux dãgereux, au Maistre du camp, s'il se troue auec le reste de l'armee.

Or puis que ceste charge est de si grande authorité & consequence, comme celle qui consiste au maniement d'vn si principal membre de l'armee, & si noble, les compagnies ne se donnant auiourd'huy qu'à grands & hauts personnages, desquels au voyage de France i'eu bon nombre sous ma conduite: c'est vne chose asseuree, que si l'experience & autres bonnes qualitez sont requises en quelque chef, c'est en cestuy-ci qu'elles sont singulierement necessaires. Il faut que le Commissaire soit doüé de grande prudence & dexterité; qu'il soit fort retenu en ses passions, comme celuy qui doit commander à plusieurs diuerses nations, comme aussi à des chefs diuers, qui coustumierement enflez de leur noblesse & puissance sont fort difficiles à conduire: dont il conuient cognoistre le naturel & les inclinations de tous,

Qualitez requises en vn Commissaire general.

Commissaire general ne se doit monstrer partial.

auec leurs pretensions, pour s'y accommoder aucunesfois, & donner contentement à tous, autant qu'il est possible : n'y ayant occasion plus dangereuse pour en causer la haine & persecution vniuerselle, que de donner souspçon de quelque partialité. Parquoy estant vne chose tres-difficile de contenter tousiours chacun, principalement au repartir des quartiers, & de quelques exploits, il aura le soin de les tellement esgaller, que celuy qui l'vne fois auroit eu occasion de se mescontenter, estant recompensé l'autre, cognoisse que l'action precedente ne procedoit d'aucune partialité, mais de necessité.

Procure de sçauoir en quelle estime il est entre les siens, & pourquoy, & par quel moyen.

Il procurera & se delectera d'espier par personnes de credit, & non suspects d'adulation, en quel estime il est entre les siens : Ce qui ne se pourroit faire plus proprement, qu'en faisant approcher en secret quelque personnage fidele à vn corps de garde, où il n'y a chose plus ordinaire, que pour assouuir en partie les trauaux passez, se plaindre & mesdire des officiers & superieurs. Aduerty toutesfois que ce seroit vne chose indigne d'vn officier, si oyant quelque chose qui ne luy pleust, il en recercheroit l'opportunité de la vengeance.

Le Commissaire decide plusieurs debats au tout des butins & autres semblables affaires.

Estant aussi bien experimenté és coustumes de la guerre, touchant le butin, ou autres affaires semblables, il pourra decider plusieurs debats, auec grand contentement des soldats, & notamment, s'il est patient pour escouter toutes les parties, sans se laisser esmouuoir par les rapports des premiers querellans. Mais si la chose fut importante, & plus embroüillee qu'vne capacité soldatesque ne pourroit comprendre, il la r'enuoyera à l'audience ordinaire, où estant examinee selon les termes Iuridiques, il en fera rapport au General, y adioustant aussi son aduis auquel ordinairement le General ne contredit.

General ordinairement ne contredit à l'aduis du Commissaire.

Commissaire en quelle occasion peut faire execution des peines capitales.

En apres, si le Commissaire se trouuant esloigné du general, ou en campagne auec quelque trouppe, y suruenoit telle faute, qui n'estant subitement chastiee, pourroit causer quelque plus grand danger : luy suffira, si apres l'execution il en aduertist ledit general.

L'office de Cõmissaire general pourquoy à recommãder à vn vieux Capitaine.

De toutes lesquelles considerations, me semble qu'à iuste raison ie concluds, que cest office du Commissaire general, doit estre recommandé, non point au Lieutenant general, comme autresfois on a fait, mais à vn Capitaine des plus vieux, non pas d'aage, mais d'assistance au maniement de la caualerie. Auquel & l'experience ne peut falloir, & le temps aura produit les affections à telle maturité, qu'elles n'excedent la mediocrité requise. Ioint qu'en l'election d'vn tel seront retranchees les pretentions de plusieurs, principalement des grands, & l'obeissance facilitee, nul ne pouuant auec raison refuser, ou auoir honte d'obeir à personne qualifiee au mestier dont elle fait profession : & tant moins l'espoir en estant fait à chacun d'y paruenir qu'auec le temps.

## CHAPITRE III.

### *Du Capitaine d'vne compagnie particuliere.*

LEs anciennes regles & preceptes necessaires, ont à present perdu toute leur vigueur en cest endroit, d'autant que de quelques ans en çà, le train de la cauallerie eſt accreu de telle reputation, qu'vne compagnie de cent cheuaux, eſt non ſeulement eſtimee charge honorable à grands Cheualiers & Princes, mais auſſi eſt par eux bien inſtamment briguee. Dont eſt venu que les compagnies ſont conferees & donnees par le chef ſouuerain de la guerre: comme nous voyons qu'en Flandre, elles ſont procurees & aſſignees, en la Cour d'Eſpagne. Et ſi Fran. Ferrante d'Auales, Marquis de Peſcara, eſtant general de la cauallerie legere de Milan, auoit l'authorité d'aſſigner des compagnies; c'eſtoit par vn priuilege particulier: Comme auſſi le Prince de Parme l'eut: de ſorte que quelques vnes eſcheurent à perſonnes priuées: mais ſignalees à cauſe de leur valeur & merite. Mais de ceſte couſtume de recommander les compagnies aux grands, la cauallerie en a receu deux inconueniens. Le premier, que le gouuernement en eſt tombé entre les mains des gens ieunes & peu expertes. Le ſecond, qu'on a perdu beaucoup des bons ſoldats; leſquels iugeans eſtre raiſonnable, qu'au defaut du Capitaine d'vne compagnie, le Lieutenant, comme ſeconde perſonne, & plus exercité en telle charge, & couſtumierement plus experimenté, y ſuccede, de ſorte que tous, de degré en degré, auec le temps y peuuent aſpirer, & ſe voyant par ce moyen coupee toute l'eſperance d'y paruenir; abandonnent le ſeruice.

Chef ſouuerain de la guerre eſlit les Capitaines.

Inconueniens procedans de ce que les compagnies ſont ſeulement aſſignees à grands perſonnages.

Le Capitaine a puiſſance abſoluë de choiſir ou caſſer ſes officiers, comme le Lieutenant, le porte-enſeigne ou Alfier, le Furier, & autres inferieurs, toutesfois auec le ſçeu du Commiſſaire. En quoy il ne faut paſſer ſoubs ſilence l'abus des officiers maieurs, voulans mettre la main ſur ſemblable election, ſinon en vigueur de leur autorité, pour le moins par vne maniere d'interceſſion enuers vn Capitaine, qui ſouuent eſt vne ſorte de commandement couuert, aſſez dangereux, tant pour ledit Capitaine, que pour toute ſa compagnie, dégouſtee, en voyant que pour vn nouice, pluſieurs qui en meritent la place ſont laiſſez en arriere: Et combien qu'il ſoit de la compagnie meſme, le voyant auancé non par merite, mais par faueur. Dont en reſultent pluſieurs inconueniens, entre leſquels ceſtuy-ci eſt le plus grand, à ſçauoir, que ſi celuy meſme qui ainſi eſt auancé, auoit eſté autresfois repouſſé, ou autrement n'eſtoit trop affectionné au Capitaine, eſtant en charge (laquelle il cognoiſt auoir non pas de luy, mais d'vn autre plus grand) ne faudra de ſe gaigner l'affection de quelques vns, & auec le temps, à murmurer contre ledit Capitaine, & monſtrer qu'il n'en fait trop de conte. Dont reſultent des factions & ſeditions entre les ſoldats d'vne meſme compagnie. Dequoy il n'y a choſe pire, & moins remediable. De ſorte que ce ſera vne regle plus ſeure & plus honneſte, que les officiers maieurs, laiſſent à leurs Capitaines la libre election de leurs offices, comme ceux qui mieux cognoiſſent qui ſont les plus courageux, & dignes de leur ſuite.

Inconuenient tombant ſur vn Capitaine, mettant en office vn qu'il a autresfois rebouté.

Capitaine doit auoir la libre election de ſes officiers.

## CHAPITRE IV.

### *Des officiers mineurs d'vne compagnie.*

PVis que l'election des officiers eſt en la puiſſance du Capitaine: il doit ſçauoir & remarquer, que c'eſt vne action la plus importante qu'il pourroit entreprendre, & le fondement de toutes les autres : ceux-là resemblans les os qui soustiennent la chair en vn animal, ou les colomnes, sur lesquelles vn grand & pesant edifice se repose. Et de fait, ce n'est chose si facile, qu'aucuns pensent. Car il ne suffit pour auancer quelqu'vn à vn office, de s'y seruir de la regle generale de l'experience, à sçauoir que le plus vieil en l'exercice militaire soit preferé: comme aussi, ne de l'autre à sçauoir, qu'il les faut auancer de degré en degré, en sorte que le plus vieil caporal succede au porte enseigne, & cestuy-cy au Lieutenant : le but de l'eslection ne regardant pas ces choses seulement exterieures, mais aussi quelques qualitez interieures, qui en diuers offices, sont diuersement requises, comme on voit, que tout soldat n'est propre pour chacun office. Et si de là il en reussissoit quelque danger, que, comme il aduient souuent, quelques vieux soldats, qui toutesfois ne valent gueres, ne pouuans supporter que des plus ieunes leur sont preferez, se despiteroient contre le Capitaine, & mesdisans de luy tascheroient d'attirer à leur party quelques vns des nouices ; le Capitaine s'en apperceuant y donnera ou appliquera en temps le remede requis.

*Outre l'experience il y a encor quelques autres choses requises pour estre preferé aux competiteurs d'vn office.*

*Capitaine doit remedier en teps aux factions en sa compagnie.*

De ceste regle s'ensuit aussi, que le Capitaine defaillant en vne compagnie, la succession en est deuë au Lieutenant : pource qu'ayant comme collegue gouuerné auec iceluy vne mesme compagnie, il n'y a nul qui puisse approcher de plus pres à ses façons & coustumes, que ledit Lieutenant.

*Lieutenant doit succeder au Capitaine.*

Le Lieutenant donc est la seconde personne de la compagnie, & comme tel il porte non seulement vne bonne partie de la charge, mais aussi en absence du Capitaine la reçoit toute sur soy. Et bien souuent encor, en la presence dudit Capitaine, comme il aduient és compagnies des grands, qui d'ordinaire ne se soucient trop du gouuernement politique. Il faut donques qu'il soit homme de qualité, & comme vn second Capitaine, en authorité & credit aupres des soldats, à cause de sa valeur & grauité en ses commandemens, en quoy l'aage aucunement meur l'aydera & le recommandera beaucoup.

*Office du Lieutenant quel il est.*

*Qualitez requises en vn Lieutenant.*

Au contraire au porte-enseigne est requise certaine grandeur d'esprit, & desir de gloire, comme celuy qui y doit eschauffer & conduire les autres. C'est pourquoy on l'aime quelque peu plus ieune. Lequel aage coustumierement est accompagné d'vne liberalité, tant aymee des soldats, qui aussi ne s'accostant de si grande affection à autres officiers, qu'à cestuy-ci. Cependant il faut tenir le moyen en toutes choses, & bien peser la grandeur de sa charge. Car ce n'est peu de chose de l'estendart, qui luy est recommandé, ne legere de mettre les corps de garde, quand il sera en garnison, ou logé en son quartier : veu qu'en campagne, le Lieutenant en a la charge. Pour le present les estendarts & bannieres tombent d'ordinaire entre les mains des ieunes Gentils-hommes, & souuent pour les premieres armes qu'ils empoignent en la guerre.

*Qualitez du porte-enseigne.*

*Le porte-enseigne met les corps de garde en garnisons ; mais le Lieutenant les met en campagne.*

Le furier est tenu d'aucuns pour vn office vil, & ce d'autant qu'il peut estre administré de toutes sortes de soldats. Mais certes ils n'entendent pas bien l'affaire, ne ce qui est requis pour telle charge. Car c'est cestuy-ci

*L'office du furier n'est pas vil.*

Il prend le mot du guet. qui prend le mot du guet, lequel ne se donne pas tousiours par escrit. Il faut qu'il soit personne discrette, pour comprendre bien les choses, & les referer sans erreur: poinct qui est de grande importance. Quelle dexterité soit requise au repartiment des quartiers, se dira en son lieu. Et icy me contenteray de seulement remonstrer, quels estrifs & scandales se pourroient excuser, si, comme on faisoit du temps passé en ces pays, le Furier estoit ordonné à faire les payemens aux soldats, qui maintenant sont renuoyez au Lieutenant, lequel bien souuent ne donne tel contentement aux soldats qu'il seroit bien requis: se trouuans entre les soldats, plusieurs qui sont fort fascheux & importuns, voulans auoir tousiours leurs comptes, veus & reueus auec plusieurs repliques. Chose qui se feroit plus librement, & auec moins de chagrin aupres du Furier, que du Lieutenant, qui se deuoit contenter de donner ordre audit Furier, comment les payemens deuoient estre faits.

Discretion requise. Repartit les quartiers. Le Furier pouuoit mieux faire les payemens que le Lieutenant.

Du trompette encor il y a aussi grand abus, en ce qu'on est persuadé, que chacun valet d'estable, en pouuant toucher & sonner quelque peu, en soit suffisant: Argument tres-certain d'auarice, ou d'vne lourde ignorance des Capitaines. Ie me tairay icy de l'ornement qu'vn bon trompette donne à vne compagnie; veu que le principal de son office ne consiste pas en cecy, comme aucuns pensent: mais estant l'ordinaire, d'enuoyer des ambassades à l'ennemy par vn trompette, qui est celuy qui ne sçait, que pour les accomplir comme il appartient, il y faut vne singuliere prudence & dexterité? Et au contraire, l'ennemy s'apperceuant par la maniere de l'execution de l'ambassade, de la lourdise ou simplicité d'iceluy, ne s'en pourroit-il seruir comme d'vn espion luy tirant les vers du nez, comme aucunesfois il est aduenu? On a autresfois eu des trompettes si adroits, qu'outre l'execution de ce qui leur estoit imposé, ils ont sçeu tirer de la bouche de l'ennemy des choses de tres-grande importance, ont sçeu noter & referer les qualitez d'vne defence, d'vn fossé, & autres telles particularitez, qui à grande peine se pouuoient auoir.

Vn trompette ne doit pas seulement sçauoir donner les signes; mais faire & rapporter des ambassades à l'ennemy.

C'est aussi du deuoir du trompette d'auoir le roole des gardes, & de les aller denoncer. Chose qui a bien quelque peu de l'odieux, si elle n'est faicte auec bonne grace, s'y rencontrant des murmures & paroles malplaisantes; lesquelles toutesfois pour euiter autres inconueniens ne doiuent pas estre referees au Capitaine, ou autres qui en auroient donné les ordres. On souloit iadis entretenir deux trompettes, l'vn aupres du Capitaine, & l'autre aupres du porte-enseigne, lesquels, quand il n'y auoit personne estrangere, s'asseoyent à leur table: chose qui en fit cercher de meilleurs, lesquels aussi on trouuoit, propres pour executer toutes semblables charges.

Le Trompette à la notte des gardes & les denonce. Ne doit pas tousiours referer les murmures qu'il oit sur cest affaire. Comment on souloit entretenir deux Trompettes, l'vn du Capitaine, & l'autre du porte-enseigne.

Il y a encor d'autres offices necessaires en vne compagnie, comme les chefs des esquadrons, & le mareschal, ceux-là si cognus, & cestuy-ci tant necessaire, que ce seroit chose superfluë d'en tenir trop longs propos. Et certes celuy qui ne tasche sans espargner aucuns despens de se pouruoir d'vn mareschal excellent, ne sçait que c'est du mestier des armes à cheual: & ne considere qu'au cheual acheté à si grand prix, & entretenu à grands

Chefs des esquadrons en vne compagnie. Mareschal excellent requis en vne compagnie.

frais, consiste bien souuent & l'honneur & la vie du soldat : ne aussi à combien de maladies il est exposé, pour estre suiect à l'homme, de manger ou boire, de trauailler ou reposer, quand bon luy semble. Vne seule clouture, si on ne luy donne du temps pour se reposer, & ne le garde de l'eau, est bastante pour le gaster. Et combien plus vn reschauffement de trop grand labeur, & autres excez accoustumez en ceste cauallerie? Il y faut donc auoir vn mareschal expert & suffisant: & que le Capitaine luy face quelque auantage, pour l'entretenir auec contentement, comme personne importante, pour maintenir la compagnie en pied & bon ordre.

## Chapitre V.

### *Du Capitaine de campagne.*

LE Capitaine de campagne en ces pays-bas est celuy qu'en Italie est dit Il Barigello, & en Allemagne *der Profosz*, office d'autant d'importance en vn camp, que la iustice, l'abondance des viures, bon nombre de paysans pour s'en seruir de guides, la franchise de la campagne des voleurs & larrons, pour l'asseurance des viuandiers : de purger l'armee de vagabonds: d'auoir l'œil ouuert à ce que les loix, ordres, & rangs soient obseruez, veu qu'on en auroit peu de profit de les publier, s'il n'y auoit qui les fit obseruer. C'est de sa charge de procurer de sçauoir à quel prix les marchands achetent & conduisent au camp leurs marchandises, si elles sont bonnes ou mauuaises, pour en aduertir le Commissaire, qui y met le prix en sorte, que le soldat & le marchand se puissent tenir ensemble. C'est à luy, afin qu'il n'y ait de la fraude, d'auoir bon esgard aux pois & aux mesures, tenant pour cest effect tousiours vn de ses seruiteurs au marché, lequel aussi pourra beaucoup faire pour l'assopissement des bruits & violences, qui suruiennent souuent entre ceux qui vendent & qui achetent.

Capitaine de campagne & son office.

Capitaine de campagne aura tousiours vn de ses seruiteurs au marché.

Il a aussi le soin du bagage tant au loger, qu'au marcher, comme nous dirons en son lieu. Donc il luy faut plusieurs seruiteurs & aides : ioint que quant à luy-mesme, il faut qu'il soit vne personne aduisee, accorte, & bastante aux labeurs. Et estant l'office fort odieux, il y faut vser de grande discretion, de bien distinguer les personnes, & ses procedures; sans toutesfois se laisser mespriser, ou fouler aux pieds de quiconque que ce soit : non pas qu'il s'en venge luy-mesme, mais en face le rapport aux superieurs ; lesquels en nulle maniere ne permettront que les iniures à luy faites soient impunies.

Chefs de guerre ne dissimuleront les iniures faites au Capitaine de campagne.

Sur toutes choses, qu'il ne laisse iamais son baston, signe de regiment & de iustice, pour mettre la main à l'espee, veu qu'alors sans aucune crainte de punition il pourroit estre occis.

Capitaine de campagne ne laisse iamais son baston, pour mettre la main à l'espee.

Et cecy suffira quant aux officiers, desquels on trouuera encor autres choses esparses çà & là, és liures suiuans, lesquels pour euiter la fascherie des repetitions, nous laissons aux discours de leurs propres matieres.

Venons maintenant aux soldats, considerans l'origine de leur corruption, le moyen de la correction & reformation, & finalement la qualité tant des personnes, que des armes requises.

## CHAPITRE VI.

### *De l'origine de la corruption de la Cauallerie.*

ENtre les estranges fantasies & chimeres formees de ces auteurs & escriuains contemplatifs, qui conferans les temps anciens auec les modernes, loüent ceux qu'ils ne virent iamais, & blasment ceux qu'ils ne cognurent onques assez, celles sont bien plus estranges, qui se font autour de la discipline militaire: le chef de laquelle consistant en l'experience, il est impossible qu'vn ignorant & inexpert, y puisse penetrer iusques à sa premiere origine & fondement.

La Cauallerie des Pays-bas desbauchee par faute de commoditez & accroissement de labeurs.

Aucuns disent que les commoditez & relasches, qui se donnent aux soldats corrompent la bonne discipline, dont quelques armees tres-corrompuës ont esté reformees par des bons & grands Capitaines, en leur ostant plusieurs commoditez & redoublant les labeurs. Mais quant à moy, il me semble plustost que les commoditez ostees, & les trauaux accreus, ont esté la premiere origine de toute la corruption de la cauallerie en ces Pays-bas.

Or en ceste matiere il faut considerer, que la fin d'vn soldat, comme de tout homme, peut estre ou l'vtilité, ou l'honneur, ou tous deux ensemble. Que ce soit l'honneur seul, c'est folie d'y penser: de ce que nous voyons des grands personnages, qui sous tiltre des auenturiers peschant apres des charges & offices, peu apres viennent mendier les recompenses. Combien sera-il donc plus conuenable à vne personne priuee & de peu de moyens, de cercher de s'accommoder de quelque chose, pour sa vieillesse?

L'honneste vtilité & commodité du soldat, peut estre ordinaire, comme la soulde, qui est vne vtilité simple, ou extraordinaire, comme le præme, c'est à dire, la recompense de ses proüesses, qui est vne vtilité non simple, mais coniointe auec l'honneur.

Ancienne discipline des Romains par laquelle ils entretindrent leurs armees victorieuses & formidables aux ennemis.

Les Romains tiroient de leur milice beaucoup plus de commoditez & profits que nos soldats, durans mesmes les trois cens & quarante sept ans apres l'edification de la ville, qu'ils seruoient sans soulde, subministrans à leurs soldats toutes les choses necessaires du public, & leur donnant part & aux butins & aux charges & offices. Depuis, auec le changement du temps ils vindrent à seruir pour vn gage mediocre, à sçauoir à deux oboles au pieton, quatre au chef de cent, & six, qui faisoient vn denier, reuenant à la valeur d'vn real, à vn homme à cheual, par iour. Ils auoient aussi, & ce par longue espace de temps, si nous croyons à Polybe, le froment & l'orge donné, les armes prestees du public, & les cheuaux & tentes de mesme: ioint que tous estoient de telle qualité, qu'estans en leurs maisons, ils pouuoient viure du leur, sans aucune necessité de gages, ou d'exercer quelques mestiers: & les Cheualiers estoient mesme de l'ordre des senateurs. Ils tiroient aussi cest honneur de leur milice, que c'estoit le seul & vnique moyen de paruenir à l'administration de la Republique. Ils auoient tousiours quelque part des butins, que toutes les annees se faisoient bien grands & riches. Les champagnes & terres ostees aux ennemis en chastiant, estoient diuisees entr'eux.

Tous

Tous lesquels auantages & gains s'accroissans tousiours auec l'accroissement de la Republique, ce n'estoit grand chose que le froment & l'orge ne fut mis en compte de leur payement, ains à tres-vil prix se distribuoit d'vn Senateur, qui non pas pour y gaigner, mais pour s'acquerir gloire, pouruoyoit aux auantages des soldats.

Puis du temps des Empereurs, les prix de toutes choses estans montez, leurs gages aussi furent accreus. Cesar les redoubla: & les autres suiuans les auancerent iusques à vn denier par iour au pieton, deux au centurion, & trois au cheualier. Et que ces souldes & commoditez ayent esté bastantes, mesmes abondantes, voit-on de ce, qu'à chasque mois ils deposoyent vne partie d'icelles, aupres des enseignes, lesquels despots, estant retournez à la maison, leur estoient fidellement restituez.

Et quant à l'vtilité honorable: les præmes ou recompenses de quelques faits signalez, leur estoyent tres-certains, de sorte qu'vn tel fait de proüesse estoit ainsi recompensé publiquement, auec grandes loüanges. Eux aussi estoient certains qu'apres vn tel fait, outre la recompense, ils seroient esleuez à tel degré d'honneur & office; en sorte que si le tribun en l'election les eust passé, ils recouroyent au consul, chez lequel ils trouuoyent tout mis par escrit.

Qu'on me donne maintenant vne telle armee, si bien fournie de tant de commoditez, ie vous promets, pour corrompuë qu'elle soit, de la rendre bien disciplinee. Mais ie n'oseroy promettre, (& est impossible qu'aucun le face) de maintenir en bonne discipline & bien reglé, vn camp priué de ses commoditez, comme il en est de la cauallerie de ces Pays-bas. Car si on considere l'vtilité & profit ordinaire, vn homme à cheual n'a que sept Philippe-thalers, ou septante reals par mois: & ceux-là souuent, il ne les reçoit, qu'apres auoir serui plusieurs mois. Et encor qu'il les reçeust contans, si est-il impossible, qu'il en puisse sustenter, soy, son valet, & deux cheuaux, qui en pouuoient aucunement viure au commencement, quand ceste soulde fut faite. Et du reste, d'où prendra-il les vestemens? d'où espargnera-il autant qu'au defaut du premier cheual, il en puisse achepter vn autre? Ioint que là où du passé, vn soldat se pouuoit bien equipper auec vingt ou vingt & cinq thalers, à peine le fera-il maintenant, que le prix de toutes choses est monté au triple, auec cinquante ou soixante. On me dira, peut estre, que tous ces defauts se pourront complir par trois ou quatre escus qui pour le plus sont auancez par dessus toute la soulde à quelques-vns, qui sont en petit nombre: ou me demandera, s'il n'y a autre moyen de se redresser & franchir ces maux par le moyen de la vaillantise? Certes que non: veu qu'il n'y a espoir de paruenir mesme à vn moindre capitanat, depuis qu'on a commencé de les donner par faueur, aux grands, & peu experts du mestier. Et si aucunesfois vn soldat priué en est pourueu, il faut que les merites en soyent plus que grands: & auec ceci, la premiere compagnie qui se reformera, sera la sienne. Ioint qu'on voit, que tel Capitaine lassé de conduire l'infanterie, est pourueu d'vne compagnie de cauallerie, comme s'il n'y auoit de difference du maniement

*Necessité & misere des soldats de nostre temps.*

de l'vne à l'autre. Toutes lesquelles choses reuiennent à la corruption & perte de ceste discipline: pource que les esprits plus nobles & courageux, voyans que le chemin des honneurs leur est couppé, se desgoustent du seruice: & les gens de bien, entendant qu'ils ne se peuuent entretenir sans desrobber, quittent le mestier. Et ceux qui y demeurent, s'y addonnent tellement aux larrecins, qu'auec l'extréme ruine de la discipline, ne leur demeure rien que le nom de soldats. Et quant au desrobber, qui est-ce qui le leur defendra, si la necessité qui n'a point de loy les y contraint? qui les chastiera sans donner euidente occasion à mutinerie? & de dissimuler, n'est-ce point leur en donner vne licence couuerte? A l'augmentation de ce mal, n'a esté la moindre occasion l'incommodité, de faire hyuerner vne bonne partie de la caualllerie en campagne, à faute des villages, pour le grand nombre d'icelle. Et de là s'en sont allez, sans aucune crainte, en grosses trouppes aux recerches, ou hazards, qu'ils disent, aller à la piccoree, pour y donner le nom quelque peu plus honneste: où ils ne se contentent de ce qui leur pourroit suffire; ains eslargissans de plus en plus la conscience ils vont de mal en pire. De là vient aussi que les compagnies sont tant chargees de femmes & enfans, & de tant de bagage, n'ayans lieu certain & asseuré pour les y laisser. De là, la destruction des cheuaux, non seulement pour estre logez à descouuert par les pluyes & glaçons, mais aussi par les courses continuelles à la proye. De là, le degast du pays, iusques aux feux, tant s'auancent les consciences infectes; les remords desquelles en apres aux dangers redoublent la crainte; les courages sont troublez par les pensees des femmes, enfans, & du bagage, en sorte qu'ils ne s'en peuuent r'auoir és occasions des exploicts, principalement s'ils sont repentans; tant s'est enuily leur esprit. Et de fait on ne voit plus de soldats, qui auec instance demandent permission d'aller cercher l'ennemy. Et y auroit-il encor quelque temperamment de ce malheur, si les Capitaines n'estoient entachez de la mesme poix.

*Caualllerie legere à conseruer auec grand respect.*

Iusques au temps du Duc d'Alue, qui sembloit vouloir donner forme & regle à ces desordres, la Caualllerie commençoit à diminuer beaucoup: parce que s'en voulant seruir, indifferemment, & employer la legere aux offices de la graue; & au contraire, la plusspart de la noblesse n'en pouuant endurer tant de charge, ne se maintenir des cheuaux, s'en retira.

Et de fait, on a veu que les generaux voulans trop trauailler l'armee, & hors de saison, ont donné grande occasion à la ruine des soldats, tout ainsi qu'vn bon cheual se gaste par trop de labeur. Demeure donques veritable & asseuré, que beaucoup de peine, & peu de commoditez donnees aux soldats, corrompent la bonne discipline: Et non le contraire comme aucuns pretendent.

## Chapitre VII.

### *De la correction & reformation de la Cauallerie.*

C'Est donc chose plus claire que la lumiere du Soleil, que le chef de guerre, & ceux de son conseil, sont en tres-grand erreur, s'ils pensent d'auancer en amoindrissant les souldes. Plustost deuroient-ils imiter les Romains en ce qu'ils ont eu de loüable, & auoir esgard aux changemens des temps, esquels le prix des choses necessaires est aussi changé, & accommoder le soldat en sorte, qu'il ne tombast en necessité, qui chasse l'obeissance, & oste la discipline. Que les officiers examinent leurs forces; & s'il faut diminuer, que cela se face plustost au nombre des soldats, qu'és commoditez necessaires: estant vne chose certaine que la valeur & discipline des soldats, est de plus grand effect és exploits de la guerre, que le nombre.

Vaudroit doncques beaucoup mieux de reformer tant des compagnies, qu'on tient en ces Pays-bas mal payees, & pis accommodees, à vn certain nombre, auquel la contribution du pays, & les villages pour y hyuerner auec femmes, enfans & le bagage, seroient suffisantes: là où pour le present, on enuoye ou laisse aller les soldats à l'abandon, par l'vn & l'autre village, auec tous les susdits inconueniens. Conseil non seulement appuyé sur l'aduis & authorité des grands Capitaines, comme fut le Duc d'Alue; mais aussi qui estant bien balancé des Princes, ne sera reputé odieux, pource qu'il met la main quelque peu plus auant en leur bourse, mais digne de loüange, comme celuy qui auec peu de despens d'auantage, pour le bien public, leur acquiert bonne discipline & valeur, & rachepte les prouinces d'vn continuel degast.

Et en ceste maniere, ne sera difficile de gouuerner des gens, qui n'auront aucun pretexte de mal-faire, de maintenir des bonnes loix: &, ce qui importe le plus, on pourra procurer la deuë obeïssance, sans pardonner à aucun sous quelconque protestation: car autrement on acquerroit le nom de partial, & la haine des soldats; chose tant plus dangereuse, que l'officier sera plus grand, & de commandement sur plus de diuerses nations, outre ce, qu'on donneroit l'occasion & mauuais exemple aux autres.

Le soldat bien payé se peut tenir en bonne discipline par seuerité.

Les loix ou articles qu'on leur proposera, doiuent comprendre toutes les choses qui concernent la discipline militaire, ainsi qu'elles sont traictees d'autres assez au long. Mais nous, presupposant icy les bonnes ordonnances autour du culte & seruice diuin, comme, d'auoir tousiours vn chappelain à la main; de chastier seuerement les blasphemes; de defendre le ieu, & tout ce qui induit à iceluy, comme vne occasion de dissipation d'argent, & origine de plusieurs debats & querelles; & autres semblables, concernantes les bonnes mœurs; n'en toucherons que seulement quelques vnes des plus particulieres & necessaires, pour ceste Cauallerie.

Les loix militaires à publier & obseruer entre la cauallerie legere.

I. Que nul Capitaine ne reçoiue aucun soldat d'autre compagnie ſans licence, ſous griefue punition. Ne puiſſe creer nouueaux officiers, ſans en faire part à ſon general, afin qu'il cognoiſſe & remarque la qualité de la perſonne. Et d'autant qu'il s'y trouue des vieux ſoldats, qui preſſez de vieilleſſe ne peuuent plus ſupporter les labeurs: tels ſeront oſtez des compagnies, & renuoyez aux chaſteaux, ou ſeront pourueus de quelque place morte, tant pour donner courage aux autres pour ſuyure les armes tant qu'ils pourront, que pour donner lieu à ceux qui ſeront plus propres pour executer les commandemens du Prince.

II. Que pour euiter le trop grand bagage, qui retarde beaucoup le mouuement de la cauallerie: perſonne ne puiſſe conduire femme en campagne. Que nul ſoldat puiſſe auoir plus qu'vn cheual de ſeruice pour ſon bagage: & ſi par auenture à perſonne de qualité, il en faudroit conceder dauantage, que le Capitaine n'y puiſſe diſpenſer, ſans le ſçeu du Commiſſaire general, lequel en tiendra regiſtre particulier. Et que nul officier ne puiſſe auoir chariot en campagne, excepté le Capitaine, qui n'en aura plus d'vn.

III. Qu'on eſtabliſſe des premes ou recompenſes honorables aux braues ſoldats, comme auſſi des chaſtimens aux laſches: En particulier autour de la ſuitte de l'eſtendart, & obeïſſance aux ſignes de la trompette: comme auſſi que ceux qui auront abandonné l'eſtendart, cependant qu'il aura eſté eſleué, ſoit puny de mort: Et és eſcarmouches & autres exploits de guerre, quand on ſonne la retraicte, celuy qui ne ſe retire incontinent, ſoit puny de peine arbitraire. Auſſi que le Capitaine meſme, toutes les fois que l'eſtendart entre au corps-de-garde, en quelque lieu que ce ſoit, ſoit obligé d'y entrer quant & quant, ſans aucune excuſe.

IV. Pour empeſcher que les ſoldats ne ſoient vagans çà & là, & tenir les compagnies promptes à toutes occaſions, les officiers ſeront obligez de ſe tenir en compagnies, & de ne s'en abſenter ſans licence du ſuperieur. Et ſi aucun ſoldat en ſort ſans ſon congé, qu'il ſoit puny en la vie.

V. Eſtant choſe de grand contentement pour les ſoldats, qu'il y ait bon ordre au butin, afin que chacun en puiſſe iouyr: On ordonnera que tous les butins, exceptez ceux du iour de bataille, ſoyent repartis entre tous ceux qui s'y ſont trouuez en la conqueſte: recognoiſſant toutesfois auec quelque auantage ceux, qui y auront eſté les plus ſignalez, tant à l'attaque, qu'en la ſuitte de la victoire: reſtaurant auſſi les pertes des cheuaux morts, ou ſtropiez, & des ſoldats bleſſez. Et afin qu'il n'y ait point de fraude, & que perſonne n'en tire ſecrettement ſa piece; le ſurpris ſera puny de mort; & le ſoldat de la compagnie qui le ſçachant, ne l'aura deſcouuert, perdra ſa part, qui dudit butin luy pouuoit venir.

VI. D'autant que dés certain temps en çà on a veu pluſieurs mutineries, par ci deuant non accouſtumees en la cauallerie: Quiconque en ſera ſurpris en aucune, ſera publié infame, & ſon nom enuoyé par toutes les prouinces ſuiettes à S.M. auec vn ban perpetuel.

VII. Toutes leſquelles choſes, afin qu'elles ſoyent bien obſeruees, il conuient de bien eſtablir l'autorité tant aux Capitaines & officiers particuliers, qu'au Capitaine de campagne. Et pourtant il faut donner ordre, que le soldat, auquel le Capitaine ou autre officier commande d'aller en prison, obeisse incontinent, sous peine d'estre fait infame. Et pour la reputation de ces officiers, le Capitaine de campagne n'entrera és quartiers de quelque compagnie, pour y faire recerche ou prise de quelque malfaicteur, sans leur sçeu. Et d'autre part eux seront obligez de luy liurer les malfaicteurs: ou autrement ils en auront à rendre conte.

## CHAPITRE VIII.

*De la qualité du soldat, de ses armes & cheual.*

RESeruant pour vn autre lieu l'origine de diuerses especes de caualle-rie, ie dis que chacune ayant au combat, ou autres vsages de la guerre, certaine fin particuliere, requiert aussi necessairement certaine diuersité, & de personne & d'armes & de cheual, de sorte que ce qui se peut admettre en l'vne, ne sera pourtant concedee en l'autre. Et pour briefuement depescher ceste matiere: l'arquebusier ou carabin, trouué en Piemont pour surprendre & faire desloger des compagnies les cheuaux ennemis de ses villages & contours; combien qu'vne bonne partie de ses exploits sont executez à pied, comme de prendre ou defendre quelque passage : si est-ce que plusieurs autres requierent grande vitesse & velocité, comme de secourir quelque place, de faire vne course, de poursuiure le fuyart, & autres semblables. Sera donques armé d'vne espee courte, & arquebus, long pour le moins de trois pieds, tirant vne once de balle de plomb. En lieu du flasque, il aura vn estuy de cuir lié à la cuisse droite, auec douze patrons chargez & ayans la balle liee au bout : & autre tel estuy, auec six patrons de mesme attaché à l'arçon : & la clef luy seruira aussi de petit flasquet pour le puluerin ou allumette. Et de ceste sorte il sera plus habile, pour mettre pied à terre, & passer par les buissons sans s'entortiller des cordages, & plus adroit pour manier l'arquebus, & se retourner vers le corps des lances ou autres armes qui le soustiennent. Il luy faut bien estroitement defendre, qu'il ne vienne, comme corps desarmé, iamais à l'espee, si ce n'est qu'autrement il se puisse defendre, ou qu'il poursuiue l'ennemy. Aucuns l'arment d'vn hautbergeois & d'vn morion, pour pouuoir attendre le rencontre d'vne lance & soustenir le coup d'vn pistol: mais il me semble que ceux-là confondent les offices, voire les corrompent, cerchans en vn seul tant de seruices, sans regarder qu'ils le priuent de la dexterité requise, principalement, de subit recharger, de mettre pied à terre & remonter, & de faire les courses. Toutesfois il est vray, que se trouuant seul en garnison auec cent arquebusiers, il ne seroit mal d'en armer iusques à quarante, en telle sorte qu'ils peussent faire vn corps pour soustenir le reste & le couurir cependant qu'il recharge ses arquebus.

> Arquebusier à cheual où & pourquoy inuenté.

> Effect de l'arquebusier & comment il doit estre armé.

> L'arquebusier ne doit mettre la main à l'espee.

> Arquebusier ne doit estre armé de hautbergeois & morion.

> Arquebusier armé quand feroit de profit.

Arquebusier doit auoir bon cheual, & pourquoy.

Quant au cheual, il y en a qui ne veulent qu'il soit de prix, pource que craignant de le perdre, il ne seroit si volontaire à mettre le pied à terre. Raison assez friuole, & qui presuppose qu'on admet au seruice des personnes plus curieuses de l'interest que de l'honneur. Et qui est celuy qui ne sçait, que deuant seruir d'auant-coureurs, & pour prendre langue, ils feront plus grand seruice, & de meilleur courage se trouuans bien à cheual, que mal montez? Il faut sans doute aucune s'asseurer qu'vne bonne partie du seruice de la Cauallerie, consiste en la bonté du cheual, dont aussi il en faut auoir grand soin: Et le bon soldat, espargnant tant en ses viures qu'en ses vestemens, pour estre bien monté, s'apperceura és occasions, de combien des dangers de la vie il sera eschappé, & en quelles commoditez de s'acquerir honneur, il se trouuera par le moyen d'vn bon cheual.

Arquebusier doit estre ieune & robuste.

Wallons & Bourguignons bons arquebusiers.

De toutes ces choses ie concluds, que la principale qualité d'vn arquebusier à cheual est, d'estre ieune & robuste, la maniere de sa procedure consistant en dexterité & habileté. Dont les Wallons & Bourguignons reüssissent coustumierement beaucoup meilleurs en ceste sorte d'armes, que l'Espagnol ou Italien. Pource que ceux-ci estimans plus l'Infanterie, employent en icelle leur Noblesse. Et si aucuns d'iceux sont montez à cheual, ce n'a esté pour autre raison, que se trouuans las à pied, où ils ne se sont peu auancer, il leur semble que c'est se reposer, estant à cheual & sans trop grande pesanteur d'armes. Chose qui plus qu'a aucune autre nation est succedee aux Italiens, depuis qu'on a commencé d'enleuer des trouppes entieres en ces pays. Mais les Bourguignons & Wallons sont admis de la premiere leuee aux compagnies & à ceste sorte d'armes, dont ordinairement on les voit ieunes, & entr'eux vne bonne part de Noblesse.

La lance, ses effects, & choses requises.

La lance inuentee pour percer & diuiser vn esquadron, demande velocité & force pour le choc. Elle doit auoir des meilleurs cheuaux, qu'on dit, de prix. Cependant que la soulde estoit suffisante pour entretenir vn cheual honorable, elle estoit pour la pluspart entre les mains de la Noblesse, auec grande reputation: mais estant depuis tombee entre gens de petite qualité, trauaillez & harrassez: elle a perdu beaucoup, non seulement en la qualité du cheual, mais aussi és armures; ayant laissé non seulement les genoüilleres, mais aussi les tassettes; qui pour nulle raison ne deuoient estre obmises: veu que c'est là que tombent plus de coups, & mesmes ceux du pistol, qui y sont

L'espee du lancier.

mortels. Son espee sera ne trop large ny estroite, & en longueur quelque peu moindre de la mesure d'Espagne, auec la pointe plustost ronde & trenchante, qu'autrement, veu qu'elle passe mieux les corselets de buffle ou de chamois, principalement donnant d'estoc. Il la tiendra liee à la cuisse, auec vne ceinture, afin qu'elle ne sautelle & sorte de sa gaine, en courant, & qu'en y

Lancier comment il vsera de son espee.

mettant la main, elle ne se puisse reculer en arriere. Or y ayant mis la main pour blesser l'ennemy, la part qu'il verra descouuerte, qu'il soit aduerti ne le faire auec le mouuement du bras, comme on fait estant à pied; pource que la distance le pourroit tromper, principalement se trouuant auec la visiere serree: mais pour ne point faillir, qu'il prenne la visiere auec la pointe de son espee, comme on fait, quand on veut donner vn coup de lance, & se courbant apres, (car il faut que l'espee soit soustenuë du poulce afin que donnant en autre lieu elle ne s'en aille en pieces) la pointe accompagnee de la veuë de l'œil, il donne les esperons au cheual contre l'ennemy, où il fera tousiours le coup plus iuste, & auec plus de force, que s'il leuoit ou mouuoit le bras. Et s'il veut blesser le cheual, qu'il soit aduerti de faire la playe, en sorte que le sang n'en pouuant sortir, le cheual en demeure du tout immobile. Maniere de blesser vsitee du Capitaine Demetre, mon pere, qui és guerres de Piemont y auoit tellement exercé ses soldats, qui aussi tost qu'ils se mesloyent auec l'ennemy, ils y faisoient de tresgrands dommages és cheuaux.

Comment il faut asseurer les coups és cheuaux ennemis.

Puis la lance, (arme qui pour estre bien employee requiert non peu d'exercice & maistrise) trauersant le col du cheual, va par l'aureille senestre rencontrer, non pas le cheuallier, trop bien couuert pour le present, mais le cheual: non pas au front, pource qu'il y feroit peu de dommage, mais en l'espaule senestre, ou la playe le peut asseurément atterrer. Et de fait c'est le propre de la lance de donner par le flanc, & sa premiere intention de gaigner le costé senestre de l'ennemy. De mesme en fait aussi l'arquebusier croisant ses tirs au col du cheual vers la senestre: le tout au contraire du pistol, & de la lance d'Ongrie ou de Turquie, tirantes au costé dextre.

Comment il faut mettre la lance en œuure.

Principal auantage de la lance pour faire son effect.

Arquebusier cõment il fait le coup.

Outre la lance, il aura aussi vn pistol, non point pour en acquerir quelque auantage en l'execution de son effect principal, & de percer vn esquadron, quand la lance n'y auroit esté bastante, comme en autre endroit nous en dirons la raison: mais pource qu'il s'en peut grandement seruir en vne retraicte: & en cas qu'il fut tombé du cheual, pour se faire place & se sauuer auec ledit pistol en la main. Et pource que pour l'intelligence de l'vne espece, la cognoissance de l'autre y fait beaucoup, combien que hors de nostre propos, Ie dis que

Lancier aura aussi vn pistol.

La corazze inuentee pour les grosses batailles pour soustenir ou enfoncer vn esquadron contraire, requiert vne certaine solidité en soy-mesme, & pesanteur. Elle ne va rencontrer auec plus grand mouuement que du trot, & suit le fuyard de galop: dont il luy faut vn fort & pesant cheual. Il ne donne le feu à son pistol, sinon de si pres qu'il atteigne aussi l'ennemy de la flamme, aucuns s'approchent de si pres, qu'ils mettent leur pistol sur la cuisse ou autre partie d'iceluy. Elle est de plus grande force que la lance, perçant aucunesfois vn hautbergeois. Mais nous nous espargnons pour en dire d'auantage en vne autre occasion, nous suffisant d'en auoir touché quelque peu pour le propos du present chapitre, auquel nous auons traitté des soldats & de leur qualité, pour en faire la leuee requise: ou sera plus facile de leuer grand nombre de cuirasses, que des lances, requerantes des cheuaux plus exquis & de plus grand prix que les corrazzes, ausquelles les cheuaux mediocres, qui se trouuent par tout, suffisent.

La corazze, ses effects, & choses requises.

La corazze rencõtre au trot & poursuit au galop.

Voy sur la fin du quatriesme liure.

Corazzes plus faciles à leuer que les lances.

*Lieu de la premiere figure.*

## La premiere figure monstre l'habit, armes, cheual, & mouuement de chacune espece de la Cauallerie.

A *Comment les Turcs & Ongres se prennent de leurs lances au costé droit.*

B *Que le cheual pour la lance doit estre de prix. Le soldat armé iusques aux genoüilleres, & comment il court à toute carriere, pour prendre l'ennemy au costé senestre, & pour le plus souuent l'espaule du cheual d'iceluy.*

C *Que le Cheualier, la lance rompuë, & venu à l'espee, frappe vers le costé senestre: non pas en lançant le coup, mais seulement à bras courbé l'espee au poulce, & va en galop prenant de pointe l'espaule du cheual de l'ennemy.*

D *Monstre les armes de la cuirasse, auec le garderein. Le cheual plus pesant; qui au trot va descharger son pistol de plus pres qu'il peut, l'appointant ou mettant mesme sur la cuisse droite de l'ennemy.*

E *L'arquebusier libre de tout empeschement: a cheual de moindre prix que les autres. Qui descharge, se tenant coy.*

# DV GOVVERNEMENT DE LA CAVALLERIE LEGERE.

## Livre Second,

### Monstrant comment elle doit estre logee.

*Les gens leuees & amassees, il faut penser à les loger à la façon militaire. Matiere qui comprend la consideration de l'officier, auquel ceci est recommandé; de la distribution des quartiers, & la maniere tant de les asseurer, que de les assaillir. En la deduction desquelles choses, il faut estre (comme ailleurs aussi il a esté supposé) aduerty, que ie pretens en parler selon l'vsage de Flandre, où ils sont logez à couuert és villages, comme aussi en France; à raison d'vne particuliere commodité desdits lieux, trauersez de riuieres & canaux, esquels on rencontre souuent des passages estroicts, des ponts, chaussees ou diques. Chose qui donne grande admiration à ceux qui ne l'ont iamais veu: & comme n'ayant iamais entendu qu'il y a eu des armees contraintes à desloger, ou mesmes taillees en pieces ou defaites en leurs quartiers, ils l'attribuent à l'ignorance & simplicité de ceste milice. Mais bien plus ignorans & lourds sont ils, en parlant de ce qu'ils ne sçauent. Or comme de plusieurs annees, voire aages en arriere, ne se sont rencontrez des Capitaines si esgaux & semblables en proüesse, experience & diligence de vouloir tout sçauoir, mesmes de voir & assister par tout, comme ces deux, à sçauoir Henry IV. Roy de France, & Alexandre Farnese Duc de Parme: ainsi a on veu sous eux, en ces dernieres guerres de France, toute ceste milice, au possible assubtilie, en toutes ses parties; & particulierement quant aux logis: d'autant qu'en ce long voyage de Flandre à Paris, & de Paris en Flandre on marchoit tousiours auec l'ennemy aux flancqs.*

Le logis doit estre entendu selon l'vsage de Flandre.

La milice raffinee de deux fameux guerriers de nostre temps.

---

## Chapitre I.

### A qui appartient la charge de loger.

Il n'y a point de doute que ceci ne soit de la propre charge du Commissaire general, auquel comme aussi au Maistre du camp, attouche en particulier de recognoistre la situation du lieu; le soin de repartir les logis; & regarder, si les ordres par luy donnez, sont executez, estant chose bien dangereuse d'y commettre quelque erreur, voire

Le Commissaire general recognoit la situatiõ du logis.

autant qu'en quelconque autre endroit, pource que toute l'armee, sans autre pensee, se reposant sur la diligence icy requise, pourroit en vn moment estre destruite, d'vne moindre armee suruenante à l'improuiste. Toutesfois estant empesché en tant de diuers affaires, le general, luy en laissant le chois, luy donne vn ayde, qui se dit le furier maieur, duquel l'office est, de recognoistre les places, & en faisant rapport au Commissaire, reçoit les ordonnances de ce qui y est à faire. Et pource que c'est vne chose difficile de bien recognoistre vn lieu, non seulement à la relation d'autruy, mais aussi à veuë d'œil propre; luy sera vn grand allegement d'en auoir quelque trace, pour pouuoir montrer sur le papier les commoditez ou incommoditez qui y sont; & principalement les aduenuës de l'ennemy. En quoy il se pourroit bien seruir des cartes vniuerselles du pays, comme pour s'esclarcir d'vn long chemin, & de certains passages principaux : mais icelles estant trop generales, il n'y pourra comprendre les menuës particularitez d'vne petite contree : voire on ne s'y peut trop fier, estant ordinairement fort fausses, sans y conioindre les bien diligentes informations des paysans, desquels le Capitaine de campagne taschera tousiours d'en auoir plus d'vn à la main. C'est de l'office du mesme Furier maieur, comme aide du Commissaire, de distribuer les gardes, desquelles il a la liste chez soy, & de donner, auec le sçeu dudit Commissaire, le mot du guet. Dont les furiers des compagnies particulieres le viennent apprendre de luy: & le suyuent quand il va repartir les logis, chacun accompagné d'vn ou de deux soldats, qui apres sont renuoyez, pour conduire chacun sa compagnie au lieu ou quartier qui luy est assigné, principalement de nuict, quand sans ceste diligence, elles se pourroient facilement fouruoyer, & vagants çà & là sans aucune certitude du chemin, perdre le temps requis pour leur repos.

Le general donne la charge du Furier maieur à celuy que le Commissaire aura choisi.

Furier maieur & sa charge.

La cognoissance d'vn pays prise de l'information des cartes n'est suffisante, si on n'y adiouste celle des paysans.

Furier maieur distribuë les gardes, & donne le mot aux furiers communs.

Furiers communs suiuent le Furier maieur allant repartir les logis.

Le Capitaine de campagne aussi, enuoye tousiours vn des siens, auec le Furier maieur, pour recognoistre (n'estant assez pour luy, d'auoir seulement par escrit les noms des quartiers où on logera, & le lieu que le bagage doit occuper) le village, & l'y conduire en apres. Où estant arriué, il assignera la place aux marchands & viuandiers, & procurera que tous les chariots se retirent des ruës, afin qu'en l'occasion d'vne alarme, ils n'y donnent de l'empeschement.

Capitaine de campagne enuoye vn des siens auec le Furier maieur, & pourquoy.

Capitaine de campagne assigne la place aux viuandiers & marchands.

## CHAPITRE II.

### *De la distribution des quartiers.*

Grande discretion y faut-il appliquer, pour assigner à vn chacun le quartier conforme à la qualité de la personne & du lieu. Laquelle defaillant souuent en l'officier, donne occasion de mescontentement de plusieurs. Mais pour ne point encourir le soupçon de partialité, sera vne regle tres-bonne, que ceux, qui de mal logez, ont eu occasion de se plaindre, soient au logis suiuant mieux accommodez.

Au loger comment on pourra satisfaire à tous.

Le marché des viures, ſera pour la commodité de tous, au milieu du village; & ainſi auſſi plus eſloigné de l'aſſaut de l'ennemy : à quoy il faut auoir grand eſgard, comme auſſi à ce, qu'il ſoit hors des voyes par leſquelles on court au rendez-vous, ou à la place d'armes. Et ceſte place de nuict s'aſſignera aux coſtez, & de iour au front. Deuers les aduenuës auſſi des ennemis ſont colloquez les arquebuſiers, & les lances au cœur du village. Mais toutes ces matieres ſeront plus eſclarcies en la deduite des chapitres ſuiuans.

*Marché des viures & ſon lieu.*

*Lieu des arquebuſiers & lances au quartier.*

---

## CHAPITRE III.

### *De la neceſſité d'aſſeurer les quartiers.*

IL n'y a choſe qui pluſtoſt trompe le Capitaine inexpert, que de ſe perſuader qu'il eſt ſuperieur de forces & de gens, auantagé de lieu, ou tant eſloigné de l'ennemy, qu'il ne puiſſe ou oſe l'aſſaillir. Preſomption ſur laquelle le plus ſouuent les ſurpriſes, & principallement des logis, ſont fondees; eſquelles les aſſeurez & mal pourueus & pis en ordre, ſont aſſaillis, de gens bien ordonnees & reſoluës. Choſe qui ſuccede plus facilement en la cauallerie qu'ailleurs, le ſoldat ayant beſoin qu'on l'aide armer, qu'on luy ſelle & bride le cheual, ou bien ſouuent & maiſtre & valet s'eſtourdiſſent, principalement és tumultes nocturnes, qu'on ne trouue ne lumiere, ne ſelle, ne bride à propos; en telle ſorte qu'on a l'ennemy au dos, auant que de pouuoir monter à cheual & s'vnir auec les autres. Choſe bien cognuë à cauſe de pluſieurs ſuccez, mais auſſi bien mocquee des bons & experts Capitaines, veu qu'entre tous exploits qui ſe font entre cauallerie & cauallerie, ceſtuy-ci eſt le plus braue.

*Capitaine ne ſe fie iamais en ſes auantages, qu'il en vienne à meſpriſer ſon ennemy, quoy que debile.*

*Auis qui attirent l'ennemy à l'aſſaut du quartier.*

*Entre cauallerie & cauallerie c'eſt le plus braue exploit d'aſſaillir vn quartier.*

Pour ne ſe point tromper donques; il faudra vſer en tout temps & lieux & occaſions des meſmes diligences, comme ſi on auoit touſiours l'ennemy gaillard aupres de ſoy, auec intention de t'aſſaillir chacun moment. Car ſi ſur ceci te ſuccedoit quelque diſgrace, tu en trouuerois ta deſcharge & deuant Dieu & deuant les hommes, de n'auoir failli à ton deuoir : & pour le moins accouſtumeras tes ſoldats à bonne diſcipline, en ſorte qu'ils ne ſentiront le trauail, duquel ils ſe plaindroient, s'ils eſtoient trauaillez des labeurs non accouſtumez.

*Capitaine touſiours prompt & veillant, & pourquoy.*

---

## CHAPITRE IV.

### *En quoy conſiſte l'aſſeurance des quartiers.*

IL ſemble que toutes les diligences appliquees à l'aſſeurance des logis, ne tendent à autre but, que de gaigner le temps, & que l'ennemy ne te puiſſe ſi ſubitement aſſaillir que tu n'ayes le temps ſuffiſant pour t'armer, monter à cheual, & t'vnir auec les autres en la place d'armes. Et pour ceſt effect il n'y a meilleur moyen que ceſtuy-ci, à ſçauoir de rendre à l'ennemy ſes aduenuës, autant que faire ſe peut, difficiles: choſe qui s'accomplit par l'opportunité du lieu, & la qualité des gens, proportionnee ſelon la ſituation. La ſituation ſe

*Aſſeurance des quartiers ſe fait pour gaigner temps de s'armer & vnir.*

*Temps gaigné parce que les aduenuës ſont renduës difficiles à l'ennemy.*

Consideration de la verité des situations.

peut considerer ou selon vne certaine generalité, comme d'vne contree ouuerte, ou estroite, si c'est vne montagne, colline, ou campagne, & si elle est nuë & franche, ou suiette à des passages difficiles, des boscages ou riuieres, & autres choses semblables, desquelles on peut presumer qu'elles pourroient estre les aduenuës de l'ennemy. Puis elle peut estre examinee plus en particulier: à sçauoir de ce mont ou colline, de ce chemin, de ceste trauerse, fossé, distance de ceste place de celle où on pense loger. Choses qui mieux seront entenduës és discours suyuans: esquels, pour tenir bon ordre, ie feray trois parties de toute la situation, dés le centre, par le diametre, à la circonference: à sçauoir du village ainsi qu'il est compris en son circuit, de la place d'armes, & de la contree, appliquant à vn chacun ses gens requis, auec description de leur office & vsage.

## Chapitre V.

### *De l'asseurance du village.*

Loger à couuert vtile.

Nous auons parlé dessus de l'vsance & commodité en ces Pays-bas, de loger à couuert és villages. Chose fort vtile, & premierement inuentee du Duc d'Alue. Car il n'y faut qu'vne pluye, vn peu de froid ou de glace, pour gaster & destruire vn cheual en vne nuict; & tant plus y doit-on prendre garde és lieux où on est contraint d'estre en armes, non seulement l'esté, mais aussi en hyuer.

L'asseurance des villages facile en Flandre.

Or ces villages ordinairement sont enuironnez de iardins, bons fossez, & hayes verdes; ayans aussi la pluspart les emboucheures des chemins closes de barrieres: au defaut desquelles on peut suppleer de peu de gros bois ou chariots: de sorte que l'asseurance n'y est trop difficile, principalement n'y ayant besoin d'autre repaire, que pour retenir l'entree des cheuaux. Bien souuent aussi la disposition de la contree, donne si escharse aduenuë à l'ennemy, que d'vne seule barre, ou pour le moins de bien peu, on l'en peut retenir. Mais s'il peut enuironner le lieu tout à l'entour; principalement de nuict, on tasche de trauerser & clorre tous les chemins, au lieu desquels on fait des nouuelles issuës auec les tranchees par les iardins, & autres lieux plus secrets & couuerts, esloignez des chemins & sentiers communs, de sorte que l'ennemy n'en puisse si facilement auoir la cognoissance, pour oser resolument charger vne sentinelle ou corps de garde, qui se retireroit par là, & tascher d'entrer meslé auec icelle. On mettra tant aux barrieres, qu'aux petits chemins ouuerts, des corps de garde, à sçauoir aux chemins ouuerts les lances, & les arquebusiers aux barres. Aucuns mettent ces corps hors de repaires: mais certes il y a plus grande raison de les tenir par dedans, où ne pouuans estre assaillis à l'improuiste, ils ne seront forcez de demeurer toute la iournee & la nuict sans oster bride; chose qui causant trop de malaise aux cheuaux, les pourroit endommager. Dont aussi il suffira à l'officier, de donner ordre, que de nuict seulement les brides ne soyent ostees, & que les soldats ne deposent les armes, & qu'on s'y tienne autant que possible, en silence.

Asseurance des villages ouuerts.

Corps de garde tant d'arquebusiers, que de lances, & leur lieu.

Les

Les arquebusiers y mettront pied à terre, sans remonter à cheual, si ce n'est par l'occasion d'vne alarme, ou particuliere commission, ou contresigne du chef. Et sçachans qu'ils y sont mis pour garder le quartier, & non pour combattre l'ennemy, ils ne s'auancent, sous peine capitale, d'vn seul pas du lieu assigné, si ce n'est, comme auons dit, en vne alarme: & lors mesme, quand le chef de tel corps en donne l'aduis au general, il mandera encor quatre ou six cheuaux vers le lieu, dont l'alarme vient, pour tant mieux recognoistre, & receuoir au besoin, la sentinelle; luy cependant se tenant proche de son lieu, sans s'auancer, en sorte qu'il perde la veuë de son quartier. Et tout cecy s'entend, en cas que l'ennemy sentant qu'il est descouuert, s'arrestast, ou tournast sa carriere en fuyant: lors, combien que l'official, qui assiste au corps de garde, fust plus que certain d'en faire prise ou carnage, ne bougera, comme auons dit, aucunement. Lequel ordre ne se tenant, il seroit impossible d'euiter les frequentes embusches que l'ennemy y pourroit mettre. Mais si ledit chef s'apperceuoit que l'ennemy vint, resolu d'attaquer le quartier: qu'il se souuienne, qu'il est mis pour defendre ses compagnons, qui se reposent sur luy. Dont pour entretenir l'ennemy, & le tenir plus loin qu'il peut, il est obligé de s'efforcer, contre quelconque nombre de gens, combien que hors de toute proportion des siens: En laquelle maniere de proceder, on a veu souuent l'ennemi bridé, & mesme mis en desordre.

Obligation des arquebusiers de corps de garde.

Chef du corps de garde à quoy obligé quand l'alarme est donnee.

Chef du corps de garde n'abandonne son lieu.

Chef du corps de garde estroitement obligé quand l'ennemy luy vient sus.

A cest exploit, de resister à l'ennemy assaillant le quartier, y pouuant concourir plusieurs corps: ils s'vniront en vn esquadron, ou bien, s'il leur semble qu'il soit trop gros, ou que quelque autre respect le conseille, se repartiront en plusieurs trouppes: en quel cas l'auant-garde sera de ce corps, dont la sentinelle a touché ladite alarme: comme aussi on fera, quand toute la cauallerie seroit ioincte en place.

## CHAPITRE VI.

### *De la place d'armes, ou Rendez-vous.*

LA place d'armes, est le lieu hors du village, auquel les gens se rendent & se rangent contre l'ennemy liurant l'assaut. Lieu de tres-grande consideration en ceste matiere, & auquel consistent toutes les asseurances cerchees és autres, à sçauoir, d'auancer temps, pour faire telle vnion.

Place d'armes bien importante, & les choses qui y sont à considerer.

Or pour l'election & vsage de ceste place, importe grandement la consideration du reste de la situation, si c'est en lieu large ou estroict, & autres telles choses susdites: comme aussi, de la circonstance du temps; si c'est de iour ou de nuict; Item la quantité du lieu, si c'est pour vn village ou bien pour plusieurs; & mesmes dirois encor des gens, à sçauoir, si la cauallerie est seule, ou bien conioincte auec l'infanterie, si nous ne l'auions desia forclose de ce discours, me contentant d'en dire seulement ce mot, à sçauoir, que l'infanterie se doit loger és villages exposez à la premiere rencontre de l'ennemy, comme plus prompte pour se presenter à la place d'armes. Si donc la cauallerie se loge en vn seul village, & que c'est de nuict, quand l'ennemy y

Place d'armes s'assignera de nuict aux espaules du village.

peut suruenir plus à l'impourueuë, comme ne pouuant estre descouuert de trop loin, ceste place ne s'assignera en aucune maniere en front du village, pour estre trop proche de l'aduenuë de l'ennemy, dont elle pourroit facilement estre occupee, & les gens qui s'y rendroient, de main en main taillees en pieces: mais se fera aux espaules ou costez dudit village, sans se trop soucier que le bagage soit exposé en proye de l'ennemy: qui mesme l'inuitant au pillage, luy pourroit donner occasion de desordre. Mais de iour, ladite place sera mieux en front, monstrant en cela plus de courage, & les soldats, l'aymans mieux, pour asseurer leur bagage, outre ce que le logis en est mieux

Parti pour asseurer vn village qui peut estre assailly de l'ennemy.

defendu. Et si le pays est ouuert, de sorte que l'ennemy tournoyant, peut assaillir de toutes parts, il n'y a meilleur party, que de nuict y mettre hors les gens, & se tenir bien sur ses gardes, comme nous en dirons cy apres.

Place d'armes, où à colloquer quand la caualerie seroit logee en plusieurs villages.

Si toute la cauallerie, où vne grande partie d'icelle estant conioincte, pour l'accommoder il y faudroit occuper plusieurs villages; il y faut considerer la qualité de la contree, plus ou moins exposee aux aduenuës de l'ennemy. Or plusieurs villages peuuent estre enuironnez aux flancqs de riuieres ou gros

La place d'armes estant au centre, quelle est l'obligation de ceux qui sont logez aux villages plus proches de l'ennemy.

canaux, de sorte qu'ils ne donnent qu'vne entree à l'ennemy. Lors la place d'armes generale, qui doit estre commune à tous, sera au centre: & les villages qui sont exposez à la premiere rencontre (puis que difficilement on trouuera entre plusieurs vn seul de front, & le reste en ligne droite) auront comme corps des gardes, la charge d'asseurer le reste: dont aussi ceux qui y seront logez y vseront plus qu'autres des deuës diligences.

Ceux-ci donques, l'alarme sonnee, s'vniront en leurs places particulieres, qui de iour seront, comme auons dit, en front, & de nuict aux espaules, & de là s'auanceront vnis pour receuoir l'assaut de quelconque nombre des ennemis, bien que sans parangon plus grand que le leur, & le soustiendront pour le moins, tant qu'ils puissent s'asseurer que les autres se sont rendus à la place generale, où apres, estans forcez par l'ennemy, ils se retireront aussi peu à peu. Chose non trop difficile, les autres se pouuans cependant auancer pour les couurir.

Asseurance de plusieurs villages en pays ouuert.

Peut aussi estre que ces villages soyent en vn pays ouuert, & tellement disposez, que l'ennemy puisse assaillir celuy qu'il voudra. Alors il faudra que tous vsent de mesme diligence, comme si c'estoit vn seul village: n'y ayant autre difference, sinon que chacun acheminé vers sa place particuliere, on se vient rendre ensemble à la generale; la resistance touchant à ceux qui les premiers seront attaquez.

En la place d'armes chacune compagnie doit auoir son lieu particulier: & qui le luy assigne.

Quand à l'ordre de s'y vnir, le Commissaire general, ou en sa place le Furier maieur, est tenu auec ses aides, d'assigner le soir precedent à chacune trouppe ou compagnie, le lieu qu'elle doit occuper en ladite place: où elle se tiendra ferme, vers quel lieu elle tournera sa face, & autres ordres necessaires,

Commissaire, Furier maieur, & ses aides cōparoissent les premiers en la place d'armes.

pour euiter, principalement de nuict, toute confusion. Et l'alarme sonnant, ces officiers y seront les premiers trouuez; pour recognoistre si les ordres donnez sont executez: outre ce qu'ils seruiront comme d'esperon aux Capitaines particuliers, qui aussi n'y voudront estre les derniers, sçachans qu'ils y trouueront leurs superieurs. Desquelles choses nous parlerons d'auantage en traictant de l'ordonnance en bataille, & au marcher qui se font aussi en ceste place, quand on sonne l'alarme. Et comme l'alarme est sonnée, puis que la matiere en dépend, dirons de la contree, troisiéme partie que nous nous auons proposé d'asseurer, & en ferons l'explication au chapitre suiuant.

## CHAPITRE VII.

### *De l'asseurance de la contree.*

LA diligence és asseurances, ne peut iamais estre telle, qu'vn Capitaine ait occasion de penser, qu'elle soit trop grande : chose asseuree par les estranges surprises qui y sont aduenuës, dequoy nous dirons ailleurs. Dont on s'est accoustumé de ne se point contenter, de garder le circuit & retraictes du village, mais aussi de sortir, s'estendant iusques à vne bonne distance en la contree, pour tant plustost descouurir l'ennemy de loin, & pour auoir plus de loisir à se preparer. Les lieux plus proches, comme de deux à trois cens pas, du corps de garde, sont asseurez par les sentinelles : & les plus lointains, iusques aux passages estroits & difficiles, iusques à l'extremité des aduenuës, sont gardees de quelques corps de gens, principalement de ceux, qui faisant les courses, & battant les chemins, sont appellez les auant-coureurs. Dont nous traiterons & de celles-là, & de ceux-ci, és deux chapitres suyuans.

Corps de garde à asseurer par les sentinelles.

## CHAPITRE VIII.

### *Des sentinelles.*

PVis que les corps de garde ne se peuuent tousiours tenir à cheual, voire ne doiuent tenir leurs cheuaux tousiours bridez, & ne descouurent l'ennemy trop loin de leur lieu, pour n'estre surpris à l'improuiste, & auoir le temps de monter à cheual, on a trouué les sentinelles, que chasque corps met de ses soldats en la campagne, tant de iour que de nuict. En quoy y ayant quelque diuersité de proceder, nous parlerons de chacun en particulier.

Inuention des sentinelles.

Sentinelle de iour differente de celle de nuict.

C'est vne ordonnance commune, qu'on met de tout temps les sentinelles doubles, afin que l'vn allant auiser le chef du corps de garde, de ce qu'il a veu & ouy, l'autre y demeure pour obseruer autres accidens qui cependant pourroient suruenir. Et l'vne & l'autre sont mises là où plusieurs chemins se ioignent, pour occuper toutes les aduenuës, si elles n'excedent la iuste & deuë distance, à sçauoir de non plus de trois cens pas. Aussi est-ce chose commune, que chasque corps de garde, ait moins esloigné de soy, vne sentinelle simple, de laquelle l'office n'est autre, sinon d'obseruer les allees de la double, respondantes ainsi l'vne à l'autre. Et si la double fut quelque peu trop esloignee pour occuper quelque chemin croisé, ou bien, que pour l'incommodité du lieu, elle ne pouuoit estre bien descouuerte de la simple; on y mettra entre deux vne autre simple, qui ait la veuë, & de l'vne, & de l'autre.

Sentinelle double, & pourquoy.

Lieu des sentinelles.

Sentinelle simple, & son office.

Distance de l'vne à l'autre sentinelle.

Sentinelle troisiéme entre les deux susdites, & pourquoy.

Les sentinelles ne se doiuent bouger soubs peine de la hart.

Toute sentinelle doit sçauoir qu'elle est mise en son lieu, seulement pour auiser le corps-de garde de ce qu'elle verra par la campagne: dont combien que prouoquee de personne ennemie, & la pourroit prendre à main-sauue, si est-ce que s'auançant d'vn seul pas de son lieu, elle encourroit peine capitale. Cependant que celle qui selon sa charge voyant venir l'ennemy, en doit en haste auiser le corps-de garde: l'autre se voyant forcee se retirera aussi peu à peu vers le mesme corps. Et nul n'y mettra iamais pied à terre, si ce n'est de necessité naturelle: & alors ne se fera que d'vn à la fois.

Sentinelle comment fait sa retraicte.

Lieu & aduertissement de la sentinelle de iour.

De iour, on taschera de mettre les sentinelles és lieux eminents, pour mieux descouurir la campagne: auec aduertissement, de ne les poser sur les grands chemins; pource que les fourragiers & autres gens y passant, elles pourroient estre surprises des ennemis s'y accostans, sous semblant de fourragiers & amis. Se tiendra donques hors du chemin, d'vn iect de pierre, où elle ne se laissera accoster de quiconque que ce soit.

Lieu des sentinelles de nuict, & leur deuoir.

De nuict, si faire se peut, on mettra les sentinelles és lieux bas, veu que par l'obscurité on voit facilement tout ce qui vient d'en haut. Elles ne laisseront entrer ne sortir personne, quiconque que ce soit, du quartier: ains l'ayant fait arrester à trente ou quarante pas d'eux, l'vn en ira aduertir son officier, lequel, comme celuy qui seul a le mot du guet, sera obligé de l'aller recognoistre, & entendre ses affaires en tel temps & lieu. Ces sentinelles de quand en quand, sont changees en la maniere suyuante; l'heure du changement estant venuë, & faire la prouision des cheuaux necessaires, le Lieutenant en prendra vne partie, & l'autre sera recommandee, non point au porte-enseigne, lequel ne doit abandonner son estendart, mais à quelque vieux & experimenté soldat. Le lieutenant auec sa trouppe tournera de l'vn, & le soldat auec la sienne de l'autre costé, ayant chacun son trompette; & de main en main iront changeant les sentinelles, cheuauchant l'vn deuers l'autre, & conduisant tousiours les relaschez iusques à se venir rencontrer. Et ceste diligence se fait, afin que, peut-estre, l'ennemy s'y approchant en mesme temps, & oyant le bruit des cheuaux & des trompettes, sans pouuoir recognoistre le nombre des gens, comme de chose non attenduë, soit arresté, & que cependant lesdites trouppes se puissent retirer auec les sentinelles à leur aise, & ceux du quartier ayent le loisir de monter à cheual.

Sentinelles châgees, & en quel ordre.

La ronde extraordinaire se fait du Capitaine, Lieutenant, & porte-enseigne.

En apres, il y a aussi la ronde, qui se fait pour recognoistre si les sentinelles sont vigilantes. Laquelle combien qu'elle est recommandee à personnes ordinaires, si ne sera-il mal à propos que le Capitaine la face, comme aussi, ne au Lieutenant, ne au porte-enseigne, apres auoir recommandé l'estendart à personne experimentee, elle seroit mal-seante à autres, estant ceux ausquels principalement appartient l'instruction des soldats, & notamment en ceste sorte d'exploits, esquels la moindre negligence est irremissible & mortelle, comme celle qui est suffisante pour causer la totale ruine d'vne armee.

## CHAPITRE IX.

*Des auant-coureurs & cheuauchees pour battre les chemins.*

LEs quartiers ainsi accommodez, le Commissaire general deputera ceux, qui auront à battre les chemins, sans lesquels toutes les autres diligences seroient de peu d'importance. Il ordonnera donques autant de cheuaux, qu'il y en ait quatre ou cinq pour chacun chemin ou aduenuë ; entre lesquels il y ait pour le moins vn arquebusier, pour donner l'alarme. Et est ce nombre suffisant, puis qu'ils ne vont pour autre effect, que pour sentir, escouter, & auiser. On choisira pour chef de la trouppe, vn officier expert, & des soldats les plus exercez, selon que le besoin & soupçon le requerra. Ceux-ci ne mettront pied à terre, ains tout bellement iront escoutant, s'ils sentent quelque rumeur de gens, qui de nuict s'oyt bien facilement: & s'ils oyent quelque chose, sans estre apperceus, le chef pourra enuoyer secrettement vn soldat au quartier, pour l'aduertir de la venuë de l'ennemy, & quand il iugera que cestuy-ci y pourroit estre arriué, il en enuoyera encor vn autre, pour asseurer l'auis du precedent: se retirant cependant peu à peu, & obseruant tousiours les desseins de l'ennemy, & en particulier le nombre des cheuaux, qui se pourra plustost coniecturer par l'ouye de la piste, que comprendre par la veuë. Mais si l'ennemy s'en seroit apperceu, il fera descharger vn arquebus ou deux, qui donnent l'alarme, & en haste depeschera vn soldat auec l'aduis.

Importance des auant-coureurs. Nombre des auant-coureurs.

Chef des auant-coureurs, son office, & choses en luy requises. Office des auăt-coureurs, & leurs aduertissemens.

Il n'y a aucune doute que l'alarme, combien que fausse ne se peut euiter, estant chez l'ennemy de se presenter toutes & quantesfois qu'il veut, & bien souuent, non à autre fin, que pour te trauailler, ne laissant reposer les gens: ou par stratageme, de te rendre nonchalant, de sorte que quand de fait il te vient assaillir, il y trouue moins de rencontre. A cecy les Capitaines ordinairement obuient, parce qu'ils donnent l'alarme en secret, sans cris ne sons, ains seulement par aduis, afin que l'ennemy ne s'enorgueillisse, & se resiouïsse de te mettre en peine, ains que luy-mesme, comme mesprisé s'en fasche & desiste, ou bien deuienne negligent en ses procedures, se persuadant de te trouuer despourueu, & comme on dit, endormy: outre ce que par ainsi on excuse la confusion & horreur des sons des trompettes, & cris de guerre, par lesquels on ne peut n'entendre les commandemens des officiers, ne comprendre l'importance du fait, à sçauoir si l'ennemy est desia entré au quartier, ou s'il est encor par dehors.

Alarme fausse occasionnee de l'ennemy, pour trauailler tes gens, ou te rendre nonchalant. Comment on preuient au dessein de l'ennemy, de ses fausses alarmes.

Mais d'autant que l'ennemy ne chemine point tousiours à pas lent & suspens, mais resolu, charge aucunesfois sur les sentinelles ou auant-coureurs, pour, eux se retirans, entrer pesle-mesle auec eux au quartier, (moyen vnique & le plus puissant, pour venir à bout de telles entreprises) de sorte qu'estant forcé de te retirer en haste, ne pourrois enuoyer l'aduis, ou donner l'alarme secrette, comme auons dit dessus: alors les sentinelles & auant-coureurs s'enfuyans deuers le quartier, donneront l'alarme auec tirs d'arquebus, & criãs à haute voix, & y entreront, non pas par les ouuertures ordinaires des voyes,

Precepte tres-important aux sentinelles & auant-coureurs, quand l'ennemy leur vient sus resolu d'entrer auec eux au quartier.

mais par les sentiers secrets, afin que l'ennemy demeure souspens en la poursuite, ne sçachant, où il pourroit estre attiré d'eux. Aduertissement de tresgrande importance.

**L'alarme donné en secret, comment on peut receuoir l'ennemy venant resolu.**

Quand l'alarme vient donné en secret, on peut aussi prendre le suiuant party, duquel dépendent encor plusieurs autres. Ayant quelque notice du nombre que l'ennemy conduit, encor qu'en certaine maniere il seroit superieur ; on fera monter le plus secrettement qu'il sera possible, les gens à cheual, & les rangera au flanc ou à l'espaule de l'aduenuë de l'ennemy : & pour tant plus aisément le tromper, on ne leuera les sentinelles de ceste part, leur commandant, que quand ils le sentent prochain, ils sonnent vn alarme gaillard : dont l'ennemy, s'il est soldat, les chargera à toute bride, d'vn esquadron, pour entrer pesle-mesle auec eux, & secondera du reste. Et parce que principalement de nuict, les soldats sont de bien difficile retenuë qu'ils ne s'adonnent à la proye qui se presente assez commode, non seulement les premiers y estant entrez sans resistance, se seront desia espars par les maisons, mais aussi les seconds & les autres suiuans, voire ceux qui seront encor par dehors, y voudront accourir pour en auoir leur part ; & combien que le Capitaine les en peut aucunemēt retenir, si n'obtiendra-il iamais que les trouppes suiuantes se tiennent en si bon ordre qu'il estoit requis. Alors ceux qui estoient l'attendans, s'aduançans pour le charger, ie suis asseuré qu'il n'y aura point de faute de bonne issuë, la condition estant changee, & ceux qui pensoient surprendre les endormis, assaillis à l'improuiste. Et quand mesme on iugeroit n'estre expedient de le combattre si se pourra-on tousiours retirer à son aise, moyennant qu'on ne soit empesché de trop de bagage, comme d'ordinaire on voit qu'il aduient à ceste cauallerie de Flandre.

**Iusques ou s'estendent les cheuauchees des auant-coureurs.**

Or pour retourner à nos auant-coureurs, touchant la distance qui est à obseruer en leurs cheuauchees : il faut noter, que le pays estant ouuert, & sans pont ou passage estroit entre l'ennemy & le quartier, par lequel il luy faille passer necessairement ; tant plus qu'ils s'aduanceront, tant mieux sera : & principalement quand il se faudra asseurer de quelque garnison, ils y approcheront iusques à la porte, afin que personne n'en puisse sortir sans estre senty. Mais s'il y a des ponts, ou passages estroits, par lesquels l'ennemy est contraint de passer s'il veut assaillir le quartier ; on y mettra des gardes d'arquebusiers, qui ou par leurs tirs, ou par autres moyens donneront aduis si l'ennemy s'approche. La chose le peut aucunesfois requerir, qu'on y enuoye des trouppes entieres, parce que telle sorte de gardes peut asseurer non seulement vne compagnie de cauallerie, mais aussi vne armee entiere. Ce qui suffira des corps-de-garde, desquels on se sert coustumierement, tant des sentinelles que des auant-coureurs, desquels sera plus amplement parlé au liure suiuant, Du marcher. Disons maintenant quelque chose des moyens extraordinaires, que la necessité du temps, ou du lieu, ou que la prudence d'vn accord & diligent Capitaine a inuentee.

*Lieu de la seconde & troisiesme Figure.*

## 2. *Figure.*

## Vn villlage pour y loger vne partie de la Cauallerie, ſelon l'vſage de France & de Flandre, auec deduite de la maniere ordinaire qui s'y tient pour l'aſſeurer & garder de nuict.

A *Cinq auant-coureurs arquebuſiers, qui vont battant le chemin en front, & autres par les eſpaules du quartier.*

B *Sentinelles qui gardent toutes les aduenues de l'ennemy.*

C *Sentinelles qui ne laiſſent entrer ou ſortir perſonne du quartier.*

D *Trouppe d'arquebuſiers conduite d'vn Lieutenant, pour eſtre miſe en garde où le beſoin ſera.*

E *Chariots renuerſez pour clorre les chemins principaux, tant par les flancqs, que par les eſpaules, gardez d'arquebuſiers qui ont mis pied à terre.*

F *Trois corps-de-garde à pied qui gardent leſdites barricades des chariots.*

G *Cinq corps-de-garde de lances qui gardent les chemins ouuerts.*

H *Commiſſaire general viſitant comment le quartier eſt gardé & aſſeuré.*

I *Furier maieur, & vn ſien aide, qui va à meſme effect.*

K *Furiers mineurs, qui au cimetiere donnent les autres ordres touchant les gardes & logis, par eſcrit.*

L *Caporaux qui entrent & ſortent pour receuoir leſdits ordres.*

M *La place d'armes ou Rendez-vous en front du quartier.*

N *La place d'armes aux eſpaules du quartier.*

O *Soldats arquebuſiers à pied apoſtez vers la place d'armes.*

P *Bagage de la Cauallerie.*

Q *Capitaine de campagne qui ordonne le bagage en ſon lieu.*

R *La place ou marché ordinaire du village.*

S *Logis des lances.*

T *Logis des arquebuſiers.*

### 3. *Figure.*

### Comment toute, ou la plus grande partie de la Cauallerie se loge en cinq villages, chacun desquels s'asseure selon qu'il est monstré en la seconde figure: auec demonstration comment on en sort aux armes pour resister à l'ennemy qui leur vient sus.

A *Le chemin principal.*

B *Riuiere sur laquelle sont situez trois villages.*

C *Petite riuiere qui va entrer en l'autre.*

D *Village où le bagage est logé.*

E *Place d'armes generale.*

F *Vn pont pour sortir de la place d'armes generale.*

G *Places d'armes particulieres de chacun village.*

H *Sentinelles en leurs lieux, partie desquelles tirent en signe d'alarme.*

I *Arquebusiers auec leur officier, qui vont recognoistre de quel costé l'alarme vient, dont la sentinelle O luy donne l'indice.*

K *Officier qui va retirer les sentinelles.*

L *Corps de garde d'arquebusiers à pied, qui gardent vn pont rompu.*

M *Souuerain chef de l'armee, qui se trouue en la place d'armes pour y donner les ordres necessaires.*

N *Second chef qui y assiste pour mesme effect.*

O *Vne trouppe de lances, qui ayant gardé chemin ouuert, en est sortie pour rencontrer l'ennemy.*

P *Vne trouppe d'arquebusiers, qui s'auance au costé des lances, pour molester l'ennemy deuant la rencontre.*

Q *Trouppe de lances sortie de la place d'armes de front, pour rencontrer & retenir l'ennemy.*

R *Corps de garde d'arquebusiers entré en la place des lances sorties en campagne.*

S *Trouppe de lances qui se met, les lances abaissees, deuant le chemin ouuert pour le deffendre.*

T *Commissaire general, qui ayant ouy l'alarme, accourt du village plus esloigné à la place d'armes generale.*

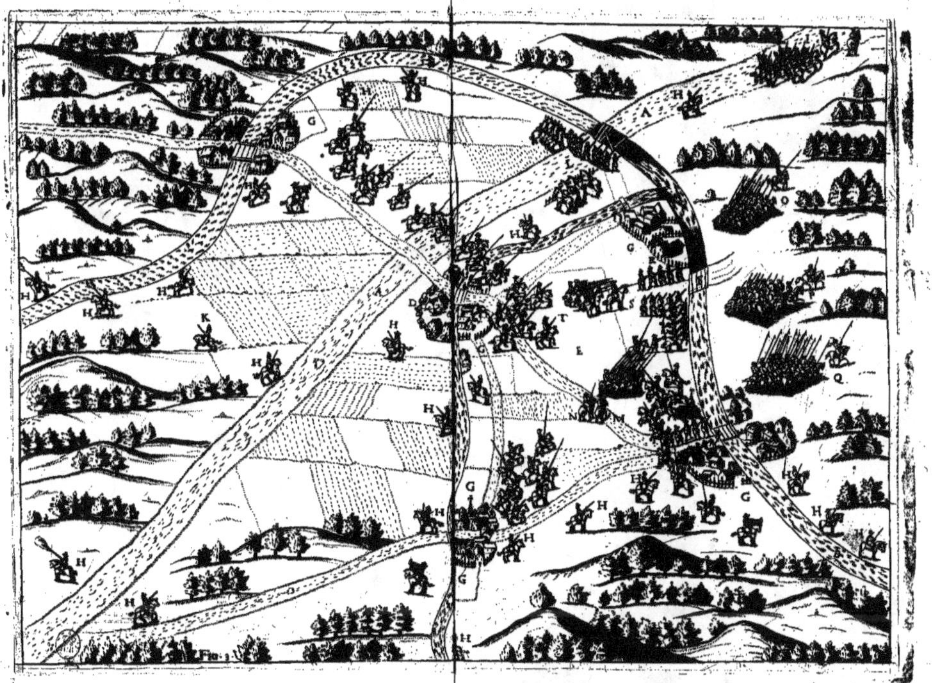

## Chapitre X.

*De quelques autres manieres extraordinaires de s'asseurer de diuers accidens.*

IL y a plusieurs accidens esquels on est contraint de sortir des preceptes generaux: Dont afin qu'en matiere si importante, chose qui par experience a esté trouuee bonne & loüable regle, ne soit obmise: nous examinerons quelques manieres extraordinaires, desquelles on se peut seruir, comme quelques Capitaines renommez s'en sont seruy heureusement.

Il aduient quelquesfois, qu'on vient au quartier, de nuict, & auec mauuais temps, de sorte qu'on ne peut cognoistre les aduenuës, & les lieux competents pour y mettre les sentinelles & corps de garde, lors le Commissaire general, ou bien le chef mesme des gens, est tenu d'aller en personne, recognoistre, le mieux qu'il peut, les lieux, & y mettre les corps de garde & sentinelles, que selon le soupçon il iugera estre necessaires; adioustant à chacun estendart dix cheuaux de garde, plus ou moins selon la necessité, & donnant ordre que ses gens se tiennent tousiours prests. Et qu'il sçache, que l'ennemy venant, il n'y a meilleur remede, & peut estre, c'est l'vnique, que d'auoir donné ordre ausdits corps de garde, qu'ils l'aillent resolument attaquer. Lesquels partis, outre l'honneur & reputation qu'on en rapporte, ont coustumierement vne issuë heureuse: comme aussi en ce mestier des armes on ne peut attenter des entreprises glorieuses, sinon par voyes difficiles, y balançant les profits auec les dangers. I'y pourroy alleguer plusieurs exemples, mais il suffit d'en racompter vn paire des modernes, à propos des susdits ordres donnez opportunément.

**Diligence & maniere de s'asseurer, quand il n'y auroit du temps pour recognoistre les lieux pour les gardes.**

I'estoy, estant Commissaire general, logé en Osterhaut, village aupres de Bredal, où ie me trouuay seul auec 100. cheuaux, pour auoir enuoyé le reste à certaine entreprise. Dequoy l'ennemy ayant eu langue, vint enuiron la minuict, auec quatre cens pietons attaquer le quartier. Dont oyant l'alarme, i'accouru au corps de garde, composé de deux compagnies, l'vne d'Antoine Oliuiera, & l'autre d'Alfonse Mondragon, au lieu desquels y trouuay leurs officiers, à sçauoir Scoria, lieutenant de Mondragon, & Spada porte-enseigne de Oliuiera. Secondé donc de ceux-ci: nous rencontrasmes l'ennemy auec telle resolution, que non seulement nous le repoussasmes, mais aussi le mismes totalement en fuite, & combien qu'apres, nonobstant la nuict, il se remist sus, & retournast à l'assaut, si est-ce qu'en ce mesme poinct, le Comte Decio Manfredi, porte-enseigne de la compagnie du Marquis del Guasto, y suruenant auec peu de cheuaux, par mon ordre les inuestit auec si grand courage & valeur, qu'il les mit en totale route, y laissant plus de deux cens morts sur la place. Chose quasi incroyable, que si petit nombre de cheuaux, de nuict, & en vn lieu estroit, eussent peu faire si grande deffaite.

**George Basta à Osterhaut repousse l'ennemy, attaquant son quartier.**

A ce mesme propos; Estant enuoyé du Duc de Parme en France auec dixsept compagnies au secours des Catholiques, & le Duc du Mayne voulant aller à l'entreprise de Nielle se logea de nuict en la contree de Noyon; & moy logé auec quatre compagnies au village de Lagny, gueres loin de Compiegne, le Gouuerneur dudit lieu, qui estoit Monſ. d'Humiers, vint de nuict auec son nombre de Cauallerie, attaquer le quartier, auec telle resolution, qu'il penetra iusques au corps de garde de la place, & le défit totalement. Moy, qui estoy logé en vn coin du village, ouye l'alarme, montay à cheual, & mis le plus que ie pouuoy ensemble, à sçauoir seize cheuaux, entre lesquels estoit Iean Baptiste Appian de Naples, qui par cas fortuit estoit venu ceste nuict loger chez moy, dont accompagné de luy & de Thomas Ruthen, mon Lieutenant ieune homme de grande valeur, i'allay trouuer l'ennemy, qui victorieux, dés la place s'auançoit vers mon quartier, & auec ces seize cheuaux nous luy donnasmes si resoluë charge, que nous le reboutasmes & misme en fuite: & Monſ. d'Humiers laissant la bonne proye qu'il auoit faite, se sauua à pied, blessé d'vn coup de balle en l'espaule, & y demeurerent cinq ou six morts, & autant de blessez sur la place. Ie pouuoy bien, estant à l'escart, & monté à cheual, me soustraire du danger, & peut estre, aussi sans blasme, sous protestation de laisser vne chose desesperee, pour aller defendre les autres quartiers prochains, afin qu'il ne leur aduint de mesme: couleurs qui d'aucuns seroient facilement admises; mais trouuant plus conuenable de cercher, que de fuyr, l'occasion d'entreprises courageuses, par lesquelles i'estoy monté iusques à tel degré: i'aimay mieux me hazarder à tel exploit.

George Basta en Lagny repousse Monſ. d'Humiers qui auoit assailly & quasi forcé son quartier, auec seize cheuaux.

Aucuns sont accoustumez de faire sonner en lieux suspects le boute-selle à minuict, comme si cela seruoit pour tenir les gens tousiours prests; chose qui pour vne fois ou deux faisant semblant que l'ennemy est aux portes, ou qu'on voudroit partir à telle heure, pourroit bien succeder: mais qui estant ainsi continuee, pourroit aussi apporter plus de dommage que de profit, le soldat s'y accoustumant en sorte qu'il n'en tiendroit plus de conte; & quand on sonneroit l'alarme, pensant que ce fut le boute-selle ordinaire, ou ne se bougeroit, ou bien s'y en iroit fort lentement. Dont il me semble le meilleur, que le Capitaine, qui se doit plus arrester à la substance, qu'à l'apparence des choses, sans esgard de la commodité de loger les gens à couuert, apres les auoir rafraischis & reposez vne heure ou deux, les face sortir en campagne, donnant ordre, que chacun soldat aye chez soy quelque peu d'auoine & autres rafraischissemens; & mette les sentinelles & corps des gardes, comme il luy semblera plus conuenable, sans ouyr les murmures des soldats mal-contens.

Le boute-selle sonné souuent, sans besoin, pas tousiours bon.

Asseurance en lieu grandement suspect.

Mais s'il y auoit de la pluye & tempeste, ou autre telle necessité qui contraignist le Capitaine de tenir ses gens à couuert, pour ne point causer la ruine tant des hommes que des cheuaux, alors pour tenir ses gens tousiours prests, il vsera de la diligence suyuante; A sçauoir, que les sentinelles & corps des gardes, mises, & enuoyé les auant-coureurs pour battre & descouurir les chemins, & les gardes extraordinaires adiointes, comme auons dit, aux estendarts, il commande aux officiers particuliers, que par heures certaines, chacun d'eux aille par le quartier frappant aux portes, appellant & esueillant

Asseurance quand en grande suspicion, on est contraint de tenir les gens à couuert.

les soldats,& leur enioignant de faire seller leurs cheuaux. Et de là, à autre certaine espace de temps y retournera vn autre officier faisant le mesme, voire entrant mesme dedans, pour voir si les cheuaux sont sellez, & les soldats armez, pour chastier ceux qui ne s'auroyent acquis de leur deuoir. Le Furier maieur & les mineurs, repartiront aussi la nuict entr'eux en sorte, qu'il y ait tousiours quelqu'vn d'eux à visiter les gardes & les quartiers. Le chef aussi des gens, se doit laisser voir aux mesmes visites, se faisant ouyr en parlant tantost auec l'vn, tantost auec l'autre, à haute voix. Car le soldat sentant son officier vigilant, & à cheual, quoy que paresseux & pesant, s'esueillera aussi: & tant que l'officier est plus grand, tant plus vif & poignant sera aussi l'esguillon qui le poussera. Les logis qui sont en pays large & plain, ausquels l'ennemy se peut approcher de toutes parts, sont estimez mal-seurs, d'autant que les forces de celuy qui les garde, sont trop distraites, & semble quasi chose impossible, d'y obseruer toutes les aduenuës, principalement si l'ennemy a bonne cognoissance dudit pays. En ceux-là donques il y faut aussi appliquer quelques regles extraordinaires. Or le stile & diligences en semblables lieux, comme en Artois, en France, & la prouince dite la Champagne, i'ay moymesme vsitees, me semblét le meilleur & vnique remede, en semblables cas: A sçauoir que les entrees des chemins gardees, pour y retenir quelconque troupe, & fait des sorties nouuelles, comme auons dit dessus, ie me suis gouuerné auec les sentinelles & auant-coureurs en la maniere suyuante. A deux ou trois cens pas du village, ie mettoy les sentinelles respondantes tousiours l'vne à l'autre, comme en vne couróne tout à l'entour d'iceluy, & icelles non pas selon l'accoustumee, aux aduenuës principales, ou pres des voyes, mais cheminantes continuellement l'vne deuers l'autre, comme si elles vouloient changer de lieux. Par lequel mouuement on asseuroit le tout, en sorte que personne n'y pouuoit passer sans estre veu. En apres, ceux qui battoient les chemins, auancez encor autres trois cens pas hors ceste couronne, s'espartoient de l'vn & de l'autre costé par la campagne, où se tenans coys, escoutoient s'ils entendroient l'approche de quelques gens: & s'auançoient aucunesfois iusques aux portes des garnisons douteuses, & vsoient d'autres diligences que i'estimoy pouuoir reuenir à quelque profit.

*Les furiers tant maieurs que mineurs, visitent les gardes, & quartiers.*

*Les officiers maieurs vigilans és visites des quartiers, & pourquoy.*

*Cóment George Basta asseuroit ses quartiers en pays plain & ouuert.*

Il y a encor vne autre sorte de garde, de nouuelle inuention, mais qui n'est de ce discours, comme seulement vsitee quand la Caualerie & Infanterie sont conioinctes en vn mesme camp. Toutesfois pour rendre ces discours plus accomplis i'en diray quelque chose: à sçauoir, que ceste garde se fait au camp, recommandee aux hommes d'armes, où Raistres, quand ils y sont, & en leur defaut à la cauallerie legere: est ordonnee & repartie par le Maistre du camp general, de sorte que le Commissaire general, où ses officiers, ne s'en meslent, sinon d'enuoyer le nombre de cheuaux, qu'on y demande. Il est bien vray, que le camp seiournant plusieurs iours en vn lieu, le Commissaire general est tenu de visiter tous les lieux desdites gardes, & ne les trouuant assez asseurees, ains exposees à quelque danger, en faire selon sa charge le rapport au Maistre de camp, ou au Capitaine general, l'aduertissant, que puis qu'il se

*Autre sorte de garde qui se fait au camp, toute l'armee y estant ensemble: commandée du Maistre de camp general.*

*Le Commissaire general ne s'entremesle de la garde instituée par le maistre de camp, sinon pour luy enuoyer les cheuaux requis.*

faut seruir de ceste garde, d'y donner promptement le remede requis. Ce qui suffit quant à la matiere d'asseurer le quartier. Venons à la troisiéme partie principale de ce liure, à sçauoir au moyen d'assaillir le quartier. Car comme les choses contraires sont de mesme consideration, on en entendra mieux les defenses, estant aduerti de toutes les manieres de l'offencer.

*Lieu de la quatriéme Figure.*

4. *Figure.*

Comment vn quartier en pays ouuert de tous costez est asseuré de nuict: quand il n'y auroit des gens suffisantes pour garder toutes les aduenuës en vn lieu si ample.

A *Garnison ennemie.*

B *Trouppe d'arquebusiers auancee afin que personne n'en sorte sans estre senti.*

C *Auant-coureurs tant lances qu'arquebusiers, espars de tous costez, pour garder les aduenuës, & s'vnir à proportion si l'ennemy suruenoit.*

D *Sentinelles arquebusiers cheminans autour du quartier vers la main droicte.*

E *Sentinelles de lances qui cheminent vers la main senestre à l'entour du quartier.*

F *Lieutenant des lances qui charge les sentinelles de l'autre part.*

G *Caporal conduisant vne trouppe pour changer les sentinelles, & fait auancer la sentinelle* M, *afin que celle de* D *arriue en temps à la trouppe, afin qu'il ne soit besoin de courir apres.*

H I *Deux trouppes sorties en mesme temps, dont l'vne tourne à la main droicte, l'autre à la senestre, pour se venir à rencontrer.*

M N *Les trompettes allans deuant lesdites trouppes pour sonner l'alarme, s'il estoit besoin.*

O *Corps-de garde de lances, qui gardent les aduenuës larges.*

P *Corps-de garde d'arquebusiers, qui gardent les aduenuës estroictes.*

CHAP.

## CHAPITRE XI.

### *De la maniere d'assaillir vn quartier.*

LE Capitaine desireux de s'acquerir honneur d'vne entreprise sur vn ennemy beaucoup plus fort que luy, s'addonnera tousiours à ce parti de l'aller assaillir au quartier, qui est, & la plus seure, & la plus belle de tous les autres. Le fait en consiste en ces poincts.

Principalement qu'il procure d'auoir bonne cognoissance du village, & de toute la contree; car c'est celle qui luy donne instruction par où il la doit attaquer. Et trouuant que cela se peut faire auec vn petit tour aux espaules, ou aux flancqs; qu'il s'asseure, que s'il y a de la negligence au camp, elle se montrera en cest endroict estre plus grande; semblant ordinairement aux officiers peu aduisez & experts, que ayant mis quelque corps de garde, & sentinelle vers le front, ou autres aduenuës accoustumees, ils ont bien fait leur deuoir.

Information pour celuy qui veut assaillir le quartier.

En apres, ne pouuant par autres voyes & moyens entendre, quelles sont les diligences en ses gardes, on en fera coniecture des qualitez du chef, considerant quelle en est la suffisance: & est de grande importance qu'on sçache, s'il est soldat ou non; s'il est superbe & hastif, ou bien, vn homme remis, & qui se laisse conseiller. Et de fait, l'ignorance conioincte auec vne certaine fureur naturelle, attire coustumierement l'homme, & principalement celuy qui se fait superieur en forces, à mespriser son ennemy: estimant qu'il y va de sa reputation, si se seruant de tant d'ordres & cautelles, il montre d'en tenir quelque conte, où de le craindre.

La cognoissance du naturel du chef ennemy, de grande importance.

Ayant donc fait sur ces fondemens la resolution de l'attaquer, on obseruera principalement deux choses. La premiere, de tascher de faire ses approches, le plus pres du village, qu'il sera possible. La seconde, d'empescher l'ennemy, qu'il ne se puisse vnir pour faire vn corps. Pour le regard de la premiere: La premiere trouppe s'auancera, sans aucuns auant-coureurs, le plus secrettement qu'elle pourra. Et aussi tost qu'elle sentira, qu'elle est descouuerte, sans perdre vn seul poinct de temps, elle chargera les sentinelles, pour entrer auec icelles, & surprendre le corps de garde, deuant qu'il puisse monter à cheual. Pour la seconde: Il y faut vn bon repartiment des trouppes, & tres-exquise execution de tous les ordres donnez: entre lesquels cestuy-ci, de tenir les soldats ensemble, & que de nuict, qui leur en oste toute la honte, ils ne s'adonnent au butin, est bien le plus difficile, & toutesfois aussi le plus necessaire. Afin que le repartiment soit bien fait, il faut sçauoir la proportion du nombre des ennemis, aux siens: comme pour exemple qu'il y ait mille cheuaux au quartier, & l'assaillant n'en ait que cinq cens. Il les ordonnera en cinq trouppes; la premiere desquelles, entree, selon qu'auons dit, elle sera au quartier, & de fait le corps de garde, passera de là vers la place, resolue de soustenir toute resistance qu'elle y trouuera. Et si elle la peut aussi defaire, elle courra plus auant, mettant tous les corps qu'elle rencontrera en desordre.

Ordre pour assaillir vn quartier.

Repartiment des trouppes pour assaillir vn quartier.

Retenuë des soldats en l'assaut d'vn quartier, necessaire.

Proportion du nombre des ennemis à celuy de l'assaillant.

Office de sa premiere trouppe.

Office de la seconde.

La seconde trouppe, sentant le quartier estre inuesti, la suiura de galop, & bien vnie iusques à la place: en laquelle ne trouuant aucune resistance, comme il est vray-semblable, elle enuoyera certain nombre de cheuaux, qui courans toutes les ruës, empescheront que personne ne sorte des maisons pour monter à cheual. La troisiesme trouppe suiura peu à peu, mais bien vnie, la piste de la precedente, iusques à ladite place : ou la quatriesme aussi estant arriuee à mesme pas, elle l'y laisse, se tournant vers le lieu où elle sentira plus de bruit. Cependant la troisiesme ne bougera de la place, iusques à ce qu'elle soit asseuree de l'entiere défaite de l'ennemy ; laquelle puis qu'on est venu à ces termes ne peut faillir: veu que pour crainte de ceux qui courent les chemins, les soldats n'osent sortir pour s'vnir en quelque corps, chacun cerchant plus d'eschapper en secret par les iardins, qu'à s'armer & monter à cheual, principalement se trouuant en tel tumulte abandonné du valet. Et encor que quelques-vns s'vniroient, si ne seroient-ils suffisans pour gaigner la place, & la defendre: voire n'y aura moyen, ne de donner, ne d'executer les ordres qui les pourroient autrement remettre. La cinquiesme trouppe donques coniecturant, parce que le bruit s'assopit, qu'il n'est besoin d'y entrer, se diuisant en deux, enuironnera le village par dehors, afin que les gens ne se sauuent à pied. Dequoy ie raconteray vn exemple. L'an 1574. le Seign. de Hierges, estant passé en l'isle de Bomel auec quelque nombre tant d'infanterie que de cauallerie, pour faire degast aux champs, & ayant eu langue de la venuë de l'ennemy auec deux mil pietons & six cens cheuaux, iugeant n'estre expedient de l'attendre, repassa la Mose deuers Brabant: & de là se tourna auec la plus part de ses gens vers Nimege; & l'ennemy s'arresta vis à vis, au village de Driel. Or le Capitaine Nicolas Basta, mon frere, qui estoit pour lors auec sa compagnie de cheuaux en garnison de Bolducq, s'imaginant que par la retraite du Seig. de Hierges, l'ennemy ne seroit en Driel si bien sur ses gardes qu'il deuroit, se resolut de passer, la nuict suiuante, la Mose, & essayer sa fortune. Pour cest effect donques il print cinq cens Wallons, restez de l'infanterie en la contree de Bolducq, & trois cens Allemands de la mesme garnison, par dessus sa compagnie, & passa le fleuue sur le soir, & marchant apres minuict auec la compagnie de cheuaux à l'auant-garde, il rencontra deux sentinelles à cheual, desquelles il tua l'vne, & chargea l'autre de si pres, qu'auec icelle il entra au village. Chose qui, comme non attenduë ne pensee, causa telle terreur & espouuantement de l'ennemy, qu'il se mit en desordre, & l'infanterie y suruenant, il fut du tout défait, & la plus part taillee en pieces, auec perte quasi de toute la cauallerie, & de quelques pieces de campagne, qui furent introduites à Bolducq. I'en raconteray vn autre mien à mesme propos, priant, comme i'ay fait en la Preface, qu'il ne me soit imputé à vanterie, ains seulement au desir que i'ay d'aider & enseigner autruy. Le Comte de Meurs, ayant leué certaine quantité de Raistres en faueur du Truxes, Electeur de Coulongne, estoit logé sur le Rhin pres de Ordingen, auec grande crainte & soupçon, de ce qui luy aduint en apres, dont ses gens veilloient toute la nuict à cheual, & bien sur leurs gar-

Office de la troisiesme.

Office de la 4. trouppe.

Office de la 5. trouppe.

Exploit succedé en Driel, Nicolas Basta assaillant l'ennemy, qui y estoit logé.

Exploit d'Ordingen sur le Rhin, où George Basta assaillit le quartier du Comte de Meurs.

des, & le iour venu, ils se retiroient à reposer, y laissant seulement les sentinelles. Dequoy informé, ie pris resolution de l'aller assaillir de iour; & le mis si promptement en effect, que i'entray pesle-mesle auec les sentinelles, de sorte que ces gens n'ayans loisir de monter à cheual y furent du tout destruictes & défaites, sans que de quatre cens qu'ils estoient, vn seul homme à cheual se peut sauuer.

Il y a encor vne autre maniere d'assaillir le quartier, peut estre non moins belle & facile que la susdite. Deuant toutes choses, le Capitaine taschera de s'informer, le camp de l'ennemy se mouuant, en quel lieu il pretend de se loger sur le soir, & quels seront les quartiers de la Cauallerie. Chose qui n'est trop difficile de sçauoir, parce que d'ordinaire, on publie le soir deuant que le camp se leue, où c'est qu'on pense loger le iour suyuant: mesmes il le pourra coniecturer, s'il a quelque cognoissance du pays. En apres il faut qu'il sçache & considere le nombre & de la cauallerie ennemie, & de la sienne: & combien qu'il y en ait de la moitié plus du parti contraire, si ne faudra-il d'y entrer, moyennant que la chose y soit bien conduite. Qu'il prenne aussi garde au temps, & le repartisse si iustement, qu'il puisse arriuer sur l'ennemy sur le soir, les gardes n'y estant encor disposees, ne les ordres necessaires donnez. Et si la distance estoit telle, que pour y arriuer à tel temps il fut besoin de cheminer cependant que l'ennemi aussi chemine: il sortira du quartier le plus secrettement qu'il sera possible, faignant aller à quelque autre effect, & prendra aussi mesme vn autre chemin, diuers de celuy qui le conduit droict à l'ennemi: & en estant esloigné autant que luy semblera suffire, il se tournera vers iceluy pour luy estre au costé, le plus loin & couuert qu'il pourra, & regardera de ne point faillir l'heure susdite, qui est la plus propre, pour trouuer l'ennemi à la despourueuë. Mais il faut estre aduerti de deux choses. L'vne, que le pays par lequel tu chemines te soit ami: & l'autre, que tu ayes plus d'vn espion en la cauallerie ennemie, afin qu'icelle s'apperceuant de ta venuë, ne se puisse toutesfois mouuoir sans ton sçeu: ayant assigné le lieu aux espions, auquel, pour cest effect, ils te trouueront.

Autre maniere d'assaillir le quartier.

Des choses dites, on voit que c'est vne proposition tres-certaine, que les diligences d'vn Capitaine, pour asseurer les quartiers, ne sont iamais telles, qu'elles puissent estre estimees superfluës, supposant l'ennemi estre homme desireux de s'acquerir honneur, & qui en cerche toutes les occasions, non seulement par moyens ordinaires, mais aussi par autres de nouuelle inuention, & fors des regles accoustumées: qui sont vrayement ceux qui apportent vn honneur perpetuel, & mesme reüssis au contraire, tesmoignent toutesfois le courage genereux, & prompt aux entreprises difficiles. A ceci donques, qui a vn tel ennemi (ce que chacun se doit imaginer du sien, afin qu'il ne se trouue trompé) il ne suffit de se tenir sur ses diligences ordinaires: ains il faut que continuellement il considere son estat, comme, quand, & en quel endroit, il pourroit estre endommagé par quelque faute, pour y appliquer le remede requis. Et sur tout qu'il ne se trompe, en pensant qu'il a plus de forces, ou que l'ennemi est bien esloigné, ou qu'il n'ait le cœur de l'assaillir;

Pensees du capitaine, de l'ennemi pour se mieux asseurer.

ains qu'il se tienne tousiours à sa vigilance & bon ordre : estant tousiours au chois de l'ennemy, de venir quand il luy plaist; de sorte que celuy qui en pense estre esloigné, s'en trouue souuent assailly. Auantage de si grande importance, que ie ne sçay si celuy qui le pese comme il appartient, dormira tout son saoul, comme celuy qui doit rendre compte de toutes ses actions. Et d'autant que la conscience est vn ver qui ronge tousiours, tu l'admettras seule en ton conseil, sans te soucier des murmures des soldats, lesquels, tant plus que tu leur promets, tant plus ils demandent, comme ceux qui ont plus desgard à leur commodité qu'au deuoir. Ioint que par ce moyen tu les tiendras en bonne discipline. Car combien que ce poinct semble auoir quelque difficulté, comme aussi il emporte en partie l'amour des soldats : si faut-il sçauoir, que quand le soldat voit son officier faisant son deuoir, il deuient aussi tres-maniable. Et comme quelque braue dessein te reüssissant heureusement tu en as la gloire; ainsi en seras-tu aussi à bon droit blasmé, si par ta negligence quelque malencontre te suruient : dont non seulement tu serois tenu d'en rendre conte à ton Prince, mais aussi à Dieu, de ce que par ta lascheté tu aurois perdu les gens recommandez à ta charge. Lesquels autrement defaits par force, ne sont estimez perdus.

Capitaine ne se doit soucier des murmures des soldats.

*Lieu de la cinquiéme & sixiéme Figure.*

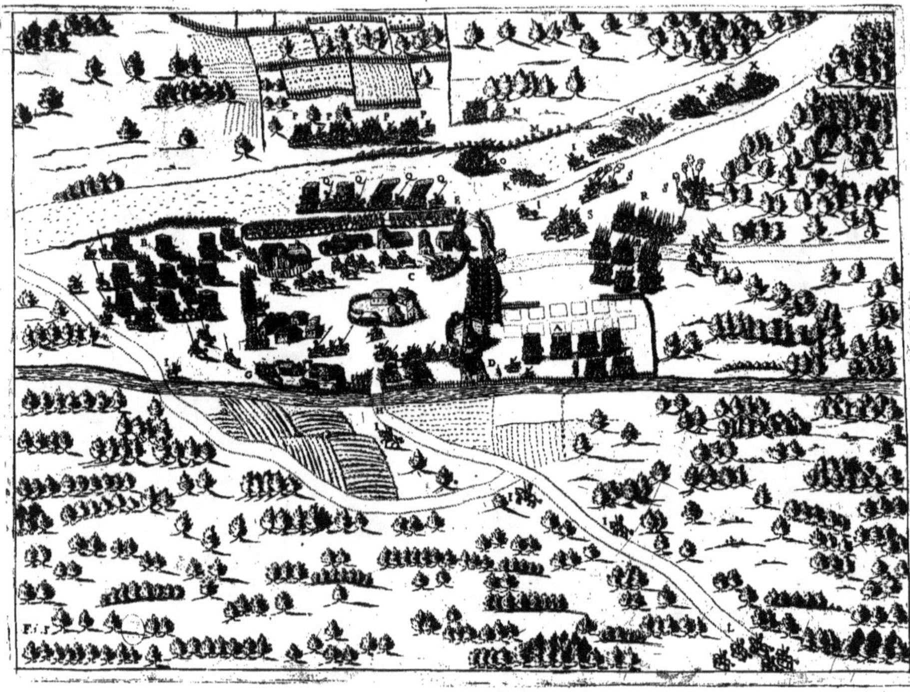

## 5. *Figure.*

### Le quartier monſtré en la ſeconde Figure, d'enuiron 600. cheuaux, lequel aſſailly & trouué en armes en la maniere qu'on voit, fait retirer l'ennemy. Monſtrant auſſi comment l'ennemy ſe retire ſans perte.

A *Place d'armes aux eſpaules, deuenuë front, à laquelle les gens accourants ſont de main en main ordonnez.*

B *Place d'armes à l'eſpaule en laquelle les officiers reçoiuent & ordonne les trouppes.*

C *La place du village auec ſon corps-de garde en armes.*

D *Sortie par laquelle on court à la place d'Armes* A.

E *Chemin ouuert, gardé de la trouppe* O *ſortie en campagne: vn corps d'arquebuſiers y eſtant entré en la place.*

F *Ouuerture pour ſortir vers la place d'armes* B, *où ayant eſté en garde, l'auant-garde de la trouppe* Q, *les arquebuſiers, comme deſſus en* E, *y ſont entrez en la place.*

G *Chemin ouuert, qui ayant eſté gardé de lances, des arquebuſiers s'y ſont mis en place d'icelles.*

H *Pont deuers les champs gardé d'vn corps d'arquebuſiers.*

I *Sentinelles qui ſe retirent deuers leurs corps-de garde.*

K *Cheuaux, qui mandez pour recognoiſtre l'alarme, retournent volants.*

L *Auant-coureurs ſe retirants au quartier.*

M *Arquebuſiers qui à pied flanquent le chemin, & les lances* O & Q, *& tirent contre les trouppes* V, X.

N *Arquebuſiers qui de l'autre part du chemin flanquent la trouppe de lances* O.

O *Trouppe de lances, qui eſtant de garde au chemin ouuert* E, *eſt ſortie en campagne pour rencontrer l'ennemy.*

P *Trouppe d'arquebuſiers, qui auſſi de l'autre part du chemin flanquent la trouppe* Q.

Q *Trouppes qui des premieres arriuees à la place d'armes, ſont enuoyees pour rencontrer l'ennemy* V, X.

R *Trouppes de lances, qui ſorties de la place d'armes* A, *vont attaquer l'ennemy au flancq.*

S *Arquebuſiers qui eſpars flanquent leſdites lances, & tirent contre l'ennemy* V, X.

T *Embuſche que l'ennemy laiſſe pour aſſeurer ſa retraicte.*

V *Premiere trouppe de lances ennemies, qui vient aſſaillir le quartier, & charge les auant-coureurs* L *pour entrer quant & eux par le chemin* E.

X *Trouppe de cuiraces, qui ſeconde la premiere pour entrer au quartier.*

### 6. Figure.

## Representation du desordre & confusion d'vn quartier, qui assailly n'est trouué en armes: & le bon ordre de l'assaillir, auec cinq trouppes.

A *Place d'armes pour le iour.* B *Place d'armes pour la nuict.*

C *Place ordinaire du village, où il y auoit eu vn corps-de garde de lances.*

D *Chemin ouuert gardé des lances* R.

E *Corps-de garde d'arquebusiers qui du haut de l'Eglise defendent l'entree de la place d'armes* A.

F *Ouuerture pour sortir à la place* B, *où estoit vn corps-de garde de lances, qui s'est acheminé vers la place d'armes.*

GGG *Trois corps-de garde pour la defense des chemins clos par des chariots.*

H *Officiers qui sont en la place d'armes pour receuoir & vnir les gens.*

I *Lances qui estoient en la place* B.

K *Arquebusiers qui estoient en la mesme place* B.

L *Sentinelles qui se refugient en la mesme place* B.

M *Premiere trouppe ennemie des lances, laquelle meslee auec les auant-coureurs & sentinelles, & ayant défait le corps-de garde, passe à la place du village* C.

N *Corps-de garde de lances, qui de la place* C *rencontrent la trouppe* M.

O *Seconde trouppe ennemie de cuiraces, qui secondant la premiere, est desia entree par l'embouscheure.*

P *Quelque peu de lances, qui rencontrent les cuiraces* O.

Q *Trouppe ennemie de cuiraces, qui vient entrer par l'ouuerture* D, *& cognoissant le dessein du corps-de garde de lances* R *de l'inuestir par le flancq, & qu'à ceste raison il s'y faut eslargir, le chef laisse le soin d'en soustenir la rencontre à vne partie de cuiraces, & passe auec le reste sans aucune perte de temps, & y penetre iusques à prendre le corps-de garde* N *par l'espaule.*

R *Corps-de garde de* D *sorti en campagne pour rencontrer l'ennemy.*

S *Quatriéme trouppe ennemie qui seconde la trouppe* O *pour entrer.*

T *Soldats ennemis qui ont applani le bord du fossé, afin que leurs trouppes y puissent passer & repasser à l'aise.*

V *Cinquiéme trouppe ennemie, qui ayant passé par* T, *court par le flancq du village vers la place d'armes* B. X *Les fuyants.*

# DV GOVVERNEMENT DE LA CAVALLERIE LEGERE.

## LIVRE TROISIESME;

Auquel est traicté du marcher d'icelle.

*DEs bonnes ordonnances au marcher dépend aussi la bonne & prompte disposition des plus dangereuses batailles; qui sont celles qui par force se font subitement sur le chemin, comme suiettes à plusieurs accidens, principalement du lieu & du temps, de sorte qu'il y a aussi plusieurs aduertissements necessaires, lesquels tant pour les traicter par bon ordre, que pour cause de briefueté, i'ay recueilly en ces trois poincts principaux, parlant premierement des choses qu'on doit considerer deuant que les gens se meuuent, A sçauoir* Le bon ordre au marcher cause les victoires és rencontres subites.

*De cognoistre le chemin qu'on doit faire, & auoir langue de l'ennemy.*

*Apres, De conduire les gens au rendez-vous ou places d'armes, où sera traicté des ordres qui y sont donnez: du gouuernement du bagage, & encor quelque chose des soldats.* Partition de ce liure du Marcher.

*Pour le troisiéme, de la distribution particuliere du train au chemin: où nous parlerons des auant-coureurs, de l'ordre des trouppes en pays large, tant de iour que de nuict; & finalement, comment les mesmes trouppes sont conduictes par pays estroit; concluant ce liure auec vn aduertissement tres-vtile, du repartiment des lieux & rangs, des Capitaines pour quelque cheuauchée extraordinaire.*

### CHAPITRE I.

*Qu'on doit auoir notice du chemin, & comment on l'acquerra.*

AV liure precedent il a esté dit, de la necessité & de la difficulté qu'il y a à recognoistre vn pays, contrée, ou lieu, & que cela ne se peut bien auoir des mappes ou cartes trop generales, qui ne representent tout par le menu, ce qui est necessaire pour cest affaire; & mesmes aussi souuent bien fausses, le mesme dis-ie à present, en ce qui concerne la cognoissance d'vn chemin qu'on auroit à faire. Bien peut-on en general y remarquer vne montagne, campagne, bois, riuiere, & ville, ou autres telles choses, auec la distance de l'vn à l'autre, respondante à peu pres : mais L'information du chemin ne se peut prendre à suffisance des cartes.

Quelle asseurance on doit auoir du chemin par lequel on veut marcher.

pour en estre asseuré, il y faut auoir personne, qui de la bonne practique & cognoissance qu'elle a du pays, y puisse expliquer & monstrer toutes les particularitez requises, comme des chemins royaux, des trauerses, s'il y en a vne ou plusieurs, s'ils sont libres, plains & larges, ou s'ils sont estroicts, montagneux, ou empeschez de passages difficiles; des fosses & fleuues, s'il y a des ponts, ou non: & s'il y en a plusieurs, quel est le plus court, plus seur, ou le plus exposé aux aduenuës de l'ennemy, ou plus commode pour le bagage. S'il y a les choses requises pour le logis, comme le fourrage, & l'eau: & autres telles particularitez, qui au marcher doiuent estre considerées.

Marchands ont bien quelque cognoissance des chemins, mais des villageois l'ont plus particuliere.

Les marchands qui tous les iours battent les chemins, y ont bien satisfait aucunesfois: mais le moyen ordinairement vsité, est d'auoir tousiours quelque paysant, principalement des villageois, tant practiquez en la campagne, qu'ils y peuuent rendre conte d'vne fosse, d'vne haye, & de tout ce qu'il y a en la contree.

Capitaine de campagne fait prouision de guides.

C'est donc du deuoir du Capitaine de campagne, d'en auoir quelqu'vn, voire s'il est possible, bon nombre, pour en estre bien conduit, non seulement pour estre plus asseuré de la verité, les confrontant souuent ensemble, mais aussi, pource que marchant de nuict, on en a besoin de plusieurs, comme nous montrerons en son lieu. Ces guides ordinairement, afin que, (ce qu'ils font volontiers s'ils peuuent eschapper) ils ne s'enfuyent, sont menez liez, ou pour le moins, donnez en garde à quelque soldat: & leur propose-on la recompence, s'ils font leur deuoir, ou bien le chastiment, s'ils conduisent mal.

Guides comment doiuent estre entretenuës & traictées.

Au marcher on doit occuper les passages, & se pouruoir qu'on ne soit endommagé de ceux que l'ennemy auroit preoccupé.

Sur tels fondements le Capitaine se pourra facilement resoudre à prendre le meilleur party, pour occuper les passages & aduenuës, & se pouruoir en sorte, que preuenu en aucuns de l'ennemy, il ne puisse estre endommagé, & conceuoir tous les moyens de s'asseurer le chemin. En quoy le pouuant beaucoup aider, voire estant vne chose necessaire d'auoir tousiours les nouuelles de l'ennemy, i'en traicteray au chapitre suyuant.

## CHAPITRE II.

### *De prendre langue.*

Le Capitaine doit cognoistre ses defauts, & ne se doubter que l'ennemy aussi les sçait, pour y pouuoir remedier promptement.

LE bon Capitaine doit auoir deux fondements de ses actions, l'vn, de cognoistre ses propres forces, & ce qui luy defaut, sans se laisser tromper, & s'asseurant que l'ennemy les pourroit aussi bien entendre, dont il pensera tousiours au moyen d'y remedier, en cas que l'ennemy y suruint. L'autre est de s'asseurer de la condition & estat de l'ennemy, des commoditez ou necessitez, des conseils ou desseins qu'il pourroit auoir, chose qui engendre plusieurs occasions, desquelles en apres les victoires naissent. Et pource qu'on ne peut tousiours auoir la commodité des espions: on cerche en leur place de prendre quelqu'vn des ennemis, duquel on puisse tirer rapport au vray

Le Capitaine doit sçauoir tout ce qui se passe chez l'ennemy. Et comment on en vient à bout.

de l'estat de l'aduersaire. Et cest exploit, nous l'appellons *prendre langue*. C'est vn office de grande importance, dont dependent les deliberations qu'on a à faire, afin que elles ne soyent vaines. Il est aussi de non peu de danger & trauail.

Prendre langue, chose importante.

Or pour l'effect, il conuient qu'vne trouppe de quinze ou vingt cheuaux, pour le plus, veu qu'en plus grand nombre ils ne se peuuent si facilement cacher & retirer, s'accoste au camp de l'ennemy, & si tienne souuent, plus d'vne nuict, pour y surprendre quelqu'vn. On y enuoye des arquebusiers, comme plus legiers & prompts, (non des lanciers) qui doiuent estre ieunes & bien dispos, non seulement pour pouuoir resister au trauail & autres difficultez, mais aussi pour mettre subitement pied à terre, & remonter gaillardement. Il faut aussi qu'ils soyent bien montez, pour se pouuoir tant plus courageusement hazarder, tant à faire la prise assez voisine, qu'à s'arrester pour couurir & defendre leurs compagnons, si apres la prise ils estoient chargez, ou autrement engagez. Chose qui quasi tousiours leur aduient, quand la prise se fait, pres du logis de l'ennemy, où les corps-de garde ont tousiours leur recours aux alarmes. Dont sera expedient, pour faire la retraicte plus seure, de non seulement se choisir quelque lieu propre, comme seroit vn bois ou vne valee, mais aussi d'vser de quelque stratageme, comme de laisser trois ou quatre des mieux montez, auec vne trompette, à l'entree d'vne valee, ou au sommet de quelque colline, lesquels quand la charge se fait, se laissassent voir & ouyr du son de la trompette: où estant chose ordinaire de vouloir recognoistre tout ce qu'il y a en la campagne, descouurant ceux-là comme vne trouppe nouuelle; sans doute l'ennemy s'arrestera auec soupçon de quelque embusche. Et entretant la trouppe auance chemin: & ceux qui pour ledit effect sont separez, se peuuent aussi retirer, où vn à vn, ou ensemble, selon que l'occasion & le lieu permettra. I'ay souuent vsé de cest artifice, duquel aussi on se peut seruir en autres occasions, comme aux retraictes, esquelles l'acquisition de quelque auantage consiste en ce qu'on donne quelque soupçon à l'ennemy.

Nombre de ceux qu'on enuoye pour prendre langue.

Qualité de ceux qui doiuent prendre langue.

Aduertissement pour ceux qui prennent langue pour faire leur retraicte asseurée.

Ceux donques qui vont prendre langue, porteront sur eux quelque rafraischissement tant pour eux que pour leurs cheuaux: & là où ils trouueront quelque ombre d'arbres, ils s'y pourront rafraischir, mettant cependant de bonnes sentinelles. Si le camp, de l'ennemy marche, ils luy marcheront aux costez, ou bien l'iront tournoyant à la queuë ou au front, selon qu'ils verront la commodité de se couurir, obseruant diligemment si aucun se desbande. De nuict, ils s'accosteront au camp pour surprendre quelque sentinelle; où se ietteront sur quelque maison prochaine, où ordinairement quelques desbandez sont reduits. De iour, ils se mettront aux embusches, pour attraper quelqu'vn de ceux qui vont au fourrage. De toutes lesquelles choses on voit bien clairement, & l'importance & difficulté susdite de ceste charge, autrement, pour certain, tres-vtile à celuy qui doit conduire vne armée, tels y estant souuent surpris, dont le rapport a causé grand dommage à l'ennemy, & destruction de ses desseins plus importants.

A prendre langue quel ordre y est à tenir.

## CHAPITRE III.

*En quel ordre on sort de la place d'armes pour marcher.*

Quand on doit marcher le Cõmissaire doit bailler aux Capitaines leurs instructions par escrit.

LE Commissaire general, ou autre chef des gens, ayant ses informations bien fondees, se resoudra des ordres qu'on tiendra en la distribution des gens, & du bagage, en mettant l'instruction par escrit, afin que par ce moyen toute confusion, principalement de nuict, soit euitee, & les occasions des disputes retranchees. Desquelles il en donnera à chacun Capitaine la sienne, de bonne heure, afin que le signe donné, il comparoisse au rendez-vous, en tel rang & lieu que luy aura esté commandé: dont le premier sera l'auant-garde, apres le bataillon & l'arriere garde. Le Commissaire general, le furier maieur & ses aides, s'y trouuent tousiours les premiers pour receuoir les trouppes, & conduire chacune en son lieu, & ce selon l'ordre qui leur aura esté donné.

## CHAPITRE IV.

*De l'ordre du bagage au marcher.*

Capitaine de campagne comment & quand il reçoit le bagage.

IL n'y a point de doute, que le Capitaine de campagne, deuant conduire vn si grand nombre de chariots & seruiteurs, il en viendra mieux à bout, s'il les reçoit cependant que l'armee passe, que si les laissant tous amonceler sans ordre, il les vouloit puis apres reduire chacun en sa place. Parquoy combien qu'il deuroit marcher en l'arrieregarde, si se trouuera-il tousiours des premiers sur la place d'armes, pour l'y receuoir. Et pour le premier, marchera tout le bagage du general, suyui de celuy du Lieutenant: & ainsi celuy du Commissaire & autres officiers, chacun en son rang. Le lieu où il doit marcher est incertain, & est changé selon le soupçon du danger, duquel il doit estre, autant que possible, esloigné. De sorte que le danger estant à la queuë, il marchera en l'auant-garde: & s'il est en front, il ira en l'arriere-garde.

Capitaine de campagne des premiers en la place d'armes. Ordre du bagage & lieu d'iceluy.

Autre ordre & rang en campagne ouuerte & sans soupçon de danger.

Il peut aussi estre diuisé en trois parties, de sorte que chaque rang des gens, ait le sien chez soy, comme quand il y auroit peu, ou nul soupçon de danger, & en campagne large & ouuerte, où il est facile de ranger les gens, pour quelque accident subit: combien que sera tousiours le parti plus sage, de conduire tous ces empeschemens vnis en vn rang, nonobstant que le mouuement en fut quelque peu plus lent & pesant.

Pages où ils marchent, auec aduertissement des desordres que se meslans entre les trouppes ils pourroiẽt causer.

Les valets ou pages marchent aupres des chariots & du bagage, & qu'on n'endure aucunement qu'ils se meslent parmi les trouppes: pource que se deuans retirer en l'occasion du combat, il y auroit tousiours de la confusion: de laquelle, l'ennemy suruenant, & voyant tant de gens se retirer, sans sçauoir & discerner qui ce sont, en prendroit tant plus de courage; outre ce, qu'encor la commodité que les soldats en auroient, se faisans porter quelques pieces de leurs armes, & des refraischissemens plus qu'il ne conuient, seroit dangereuse à la cauallerie, qui doit tousiours estre preste pour le combat. Il y a aucunesfois des personnes signalees & de qualité en vne compagnie, ausquelles on a de coustume de conceder vn page, qui luy porte les brassals, la lance ou l'armet, & quelque peu d'auoine pour le cheual; laquelle partialité ne se doit, principalement en temps douteux, permettre: ains que chacun porte sa lance, & l'armet en teste ou pendu à l'arçon: & que tous les pages se mettent en l'arriere-garde, sous la conduite d'vn officier du Capitaine de campagne. Et quand l'ennemy est mis en fuite, on leur donne licence de le charger, où armez de leurs espees, poignards, & plusieurs de petites coignees, ils font grand dommage. Et pource que selon le commandement de leurs maistres, qui en reçoiuent plusieurs seruices, ils se hazardent à les ioindre, principalement de nuict, quand il y a plus de danger; le Capitaine de camp fera diligence d'en prendre quelqu'vn, & le chastier bien seuerement, voire de mort, pour exemple & espouuantement aux autres. Et de mesme, si quelque piece du bagage se desbande, du lieu qui luy est assigné; il chastiera les gens qui y sont aupres, & deualisera le charriage.

Pages quand leur est permis de suiure l'ennemy.

Pages de quelle rigueur retenus.

La mesme diligence est aussi recommandee aux autres officiers des compagnies, & principalement au Lieutenant, qui d'ordinaire se tient à la queuë: & de regarder que personne d'vne autre trouppe, ou bagage ou vallet, ne s'y mesle ou trauerse, & de reprendre & chastier les siens, les trouuant non assez ioints & retirez ensemble, principalement de nuict, quand ils vont en sommeillant. Le mesme feront obseruer en toute rigueur, le Capitaine & le porte-enseigne cheminans à la teste.

Soin des officiers de tenir les distances de trouppe à autre sans aucun empeschement.

## CHAPITRE V.

### *Du premier repartiment des gens.*

Retenant tousiours la premiere intention de ces discours, de traicter seulement de la Cauallerie legere, c'est à dire, des lances & arquebusiers, separez de toute l'infanterie: & supposant le but de ce liure, de traicter l'ordre de ceux qui marchent, & non point de ceux qui combatent, (matiere reseruee pour le liure suiuant) à present pour euiter confusion, ou tomber en plusieurs repetitions superfluës, ie diuiseray toutes les gens en trois corps, & de chacun d'iceux, auec la distinction de leurs exploits i'en montreray les differences, afin qu'elles soient mieux cognuës & reparties proprement.

Tout vn camp donc est diuisé en trois corps, à sçauoir l'auant-garde, le bataillon, & l'arriere-garde, dont chacun comprend plusieurs trouppes armees diuersement. Le corps plus exposé à l'ennemy, & en lieu suspect (qui le plus souuent est au front) doit estre le plus gaillard & mieux pourueu, comme celuy qui est en plus grand danger. Et c'est de là, que l'auant-garde est tant recherchee des Capitaines: pour la satisfaction desquels on change les iournees, en sorte que celuy qui conduit auiourd'huy l'auant-garde, demain conduise l'arriere-garde, & l'autre le bataillon : estant ainsi à chacun à son tour laissee l'occasion de montrer sa proüesse.

Capitaines pretendent tousiours l'auantgarde: & comment à tous est satisfait.

Et si l'ennemy changeoit de lieu, de sorte que du front il se tournoit à la queuë: alors l'arriere-garde deuenant plus honorable, comme aussi plus dangereuse; le Capitaine, auquel, ayant auiourd'huy conduit le bataillon, l'auantgarde seroit escheuë demain, peut demander en lieu d'icelle l'arriere-garde, qui est deuenuë comme le front. Dont aussi mesme les auant-coureurs, qui precedoient ladite auant-garde, se retirent deuant l'arriere-garde. Mais venons au repartiment plus particulier.

## CHAPITRE VI.

*Du repartiment des gens en trouppes pour marcher.*

Les trouppes diuersement reparties selon la diuersité des opinions des officiers.

LA distribution des trouppes de chacun de ces trois corps, se faisant en manieres diuerses, non par necessité du lieu, ou par autre accident, mais par pure election & fantasies des officiers : comme aussi les opinions touchant les ordonnances des batailles sont differentes, ainsi que nous dirons en son lieu: Nous y adiousterons encor quelques autres differences, que les circonstances du temps, du lieu, & semblables apportent. Mais venant aux membres mineurs, me semble qu'il sera bien, que ie commence d'vne petite trouppe qui precede les autres, & est dite Des auant-coureurs.

## CHAPITRE VII.

*Des auant-coureurs.*

Nombre & office des auant-coureurs.

Auant-coureurs comment & quand à redoubler.

Auant-coureurs inexperts causent grands inconueniens, de quoy quelques exemples.

C'Est vne coustume & ancienne & necessaire, qu'on enuoye quelque nombre de gens deuant l'armee, pour descouurir l'ennemy de loin, & en donner aduis qu'on ne soit subitement surpris. Ce qui se fait en la maniere suiuante. On donne de quatre à dix cheuaux à vn soldat expert & accort, lesquels s'auancent de front, iusques aux lieux estroits & dangereux, & s'eslargissent aussi par les costez, autant que la situation le permet. Ceste trouppe est secondee d'vne autre, tant pour se respondre l'vne à l'autre, que pour asseurer la premiere, qu'elle ne soit retranchee des ennemis, qui ne s'y entremettront facilement, si la seconde se monstre en temps. Ce n'est donc du mestier de chacun, veu que les plus experts s'y trouuent aucunesfois trompez. Curion s'en est bien apperceu en Affrique, auquel estant referé de ses auant-coureurs, qui n'auoient descouuert que l'auant-garde, que l'ennemy estoit de peu de forces, se laissa tirer en bataille, auec la perte & de l'armee, & de la vie. Conside, personnage de grand credit aupres de Cesar, referant que, selon qu'il vit des armes & enseignes, les Suisses s'estoient inuesti d'vne certaine colline, se trouua bien trompé, Labien l'ayant occupee mesmes par l'ordre dudit Cesar, auquel il fit pour lors perdre vne belle occasion. Charles V. enuoya sous Landres en France, à plein midy, vn Capitaine de grande estime, pour entendre ce que l'ennemy faisoit: lequel retournant affermoit, qu'il auoit veu les Suisses rangez en bataille: lesquels des autres coureurs enuoyez apres luy, reussirent en quelques arbres. L'an 1568. le Duc d'Alue allant au secours de Grœningen, enuoya deux de differente nation, pour recognoistre si quelques ponts estoient suffisans pour y passer l'artillerie: lesquels retournans sans paruenir au lieu prefix, annoncent, qu'ils ont veu quatre bannieres des ennemis, & ouy le son des tambours: chose qui combien qu'elle sembloit impossible, fut toutesfois creuë, en sorte qu'on y donna l'alarme: mais en fin on trouua que les quatre enseignes & tambours estoient autant de chariots conduisans vne espouse d'vn village à autre.

Mesme

Mesme il est suruenu, que sur vne relation, que tous les gendarmes de l'ennemy estoyent en campagne, là où il n'y auoit qu'vn seul esquadron de picques, accompagné de peu de cheuaux, la peur ayant tellement troublé la veuë, que les hommes sembloyent estre en plus grand nombre, & les picques plus druës, vne bonne partie de cauallerie a esté mise en routte. Dont il appert que ce n'est charge de donner à vn chacun. Et celuy à qui elle est imposee, doit bien estre aduerti, que s'il a acquis quelque reputation, il ne la perde en ceste entreprise: ains la poursuiue auec toute diligence, sans se laisser, au descouurir, troubler par quelque accident, duquel l'esprit estourdy est facilement trompé: voire sans se fier de la relation d'autruy, auançant tantost l'vn, tantost vn autre soldat à cest effect, & voyant & reuoyant apres de ses propres yeux. Et puis, quant à l'aduis, redoublant les personnes qui referent, non point de l'auoir veu, ains de leur estre ainsi referé iusques à ce que luy-mesme s'en estant du tout acertainé, il en puisse aussi faire relation plus asseuree. Autrement il sera en danger de perdre en vn moment tout le credit acquis par plusieurs armees.

La peur trouble la veuë.

Aduertissement pour le chef des auant-coureurs.

Si le chef de ces auant-coureurs auoit la dexterité de recognoistre la situation d'vn lieu, & sçauoit iuger de quelque distance, & discerner le nombre d'vne trouppe, il feroit tousiours meilleur seruice à son superieur.

Chef pour vn des auant-coureurs, choses bien requises.

S'il y a du soupçon à la queuë, cōme il aduient d'ordinaire aux retraictes, tant des corps gros, que de toute trouppe particuliere: les auant-coureurs sont laissez derriere, l'ennemy pouuant sur la piste assaillir le corps à l'improueuë. Voire ceste diligence n'est pas tousiours suffisante, & ne se peut on pas tousiours asseurer par ce moyen. Car l'ennemy qui vient resolu d'assaillir tout ce qu'il rencontre, n'enuoye point des auant-coureurs: ains se iette sur ceux de l'autre parti, & les charge gaillardement, pour entrer auec eux en la trouppe, qui par ce moyen sera facilement mise en routte. Dont le Capitaine doit tousiours conduire ses trouppes prestes pour combattre, seruant luy-mesme auec tous ses officiers d'exemple aux soldats. Et de fait il est aduenu souuent que ceux qui s'appuyans sur leurs auant-coureurs ont esté nonchalans en leurs procedures, se sont trouuez si subitement chargez de l'ennemy, qu'ils n'ont eu loisir de se mettre l'armet en teste, où de changer de cheual.

Les auant-coureurs vont derriere s'il y a soupçon à la queuë.

Capitaine doit conduire ses gēs prests au combat, & pourquoy.

La mesme reigle de n'enuoyer des auant-coureurs est obseruee quand on va auec resolution d'attaquer vn quartier, comme nous auons dit en son lieu: comme aussi és courses, pour y surprendre l'ennemy à l'improuiste. Mesme aussi quand on marche par vn pays ouuert, & en temps de broüillards, & qu'on ne peut regarder loin: en somme, toutes & quantesfois qu'on va resolu d'attendre & receuoir, ou attaquer toute rencontre.

En quelles occasions on ne se sert des auant-coureurs.

---

## CHAPITRE VIII.

*En quel ordre & repartiment les trouppes marchent de iour par pays large.*

I'Ay veu qu'aucuns au marcher, mettent vne compagnie d'harquebusiers en l'auant-garde, & vne autre en l'arriere-garde, de sorte que toutes les lances restent au milieu, vne trouppe derriere l'autre: Chose tres-contraire à

Arquebusiez en l'auant ou arriere-garde mal-logez, mōstré par exemples.

toute raison, & mesmes à l'experience. Car si l'ennemy attaque le front ou les espaules, les arquebusiers, comme gens desarmez, ne pourront ne attendre, ne soustenir le choq, dont contraints se refugieront sous les esquadrons des lances, non sans y causer, principalement en vn grand nombre, grand desordre. Comme il aduint à Hendouen, où toute nostre cauallerie se trouuant, & entenduë l'arriuee de cinq mille cheuaux de Saxe pour le seruice des Estats; on y enuoya des auant-coureurs pour en estre asseuré. Cependant toute nostre cauallerie fut mise par certaine personne sur vn chemin garny aux costez de fosses & hayes; par lequel s'auancerent quatre cornettes de Reistres donnans vne charge à nos auant-coureurs, qui voyans que nostre cauallerie s'approchoit, estoyent sur la sortie dudit chemin. Mais les Reistres serrez ensemble se retirerent, voyans le mesme, en tresbon ordre: & nos arquebusiers, qui tous se trouuerent deuant les lances, les suiuirent à la file, & sans ordre: dont lesdits Reistres en voyant la confusion, & qu'ils estoyent sans corps qui les peust soustenir, auancerent vne cornette auec telle vigueur, qu'elle repoussa tous les arquebusiers qui estoyent au double en plus grand nombre qu'eux, & leur donna la chasse iusques à la sortie dudit chemin, auec telle confusion, qu'à grand peine en peurent sortir quelque peu de lances, lesquelles chargerent lesdits Reistres, & les repousserent, en tuant enuiron quarante d'iceux. Ce fut donques vne faute des nostres, de laisser autant d'arquebusiers en front, sans corps, qui les pouuoit conforter, qui leur fit perdre la victoire. Et party de soldat, que les Reistres auancerent vne seule cornette pour repousser les arquebusiers; car autrement les trouppes des lances leur venant sus, les eussent tous desfaits. Or puis que si grand nombre d'arquebusiers, & pour ceste raison, & pour autres, que nous deduirons cy apres, ne doiuent estre mis deuant, sans quelque corps de lances qui les soustienne, on peut conclurre qu'il sera mieux, qu'ils soient entre les trouppes desdites lances: en ne faisant les trouppes des arquebusiers plus grandes que de quarante à soixante cheuaux, de sorte que marchant, chacune trouppe de lances ait sa trouppe d'arquebusiers en queuë, afin que quelque chose suruenant à l'improuiste, elles se puissent aider l'vne à l'autre, sans desordre. Et en ceste maniere il n'y aura à craindre que les arquebusiers soyent mis en fuitte, comme autrement se trouuans, ou deuant, ou derriere, sans la couuerture des lances, il leur pourroit aduenir facilement.

*Arquebusiers où ils marchent de iour par vn pays large.*

*Trouppes d'arquebusiers en quel nombre elles doiuent estre.*

L'auant-garde, & l'arriere-garde, requierent en particulier ceste armature, laquelle n'estant suffisante, pour en fournir assez à tous esquadrons des lances, se repartira au mieux qu'on pourra selon que la necessité demandera. Ce qui suffira icy de ceste matiere, en ayant encor à traicter au liure suiuant quelques choses qui seruiront à plus entiere intelligence d'icelle.

*Arquebusiers requis en l'auant & arriere-garde.*

## CHAPITRE IX.

### *En quel ordre & repartiment les trouppes marchent de nuict par vn pays ouuert.*

COmme le marcher de nuict est bien dangereux en toutes occasions d'armes, pource que les soldats couuerts de l'obscurité y perdent toute la honte: ainsi y a-il aussi tres-grande difficulté, si auec vne diligence tres-exquise toute confusion n'en est bannie. Dont, outre les aduertissements generaux, m'a semblé bon d'y adiouster icy quelques autres, qui pour cest affaire donnent vne adresse & instruction plus particuliere. Pour le premier: il y faut grande aduertence autour des guides, desquelles aucuns sont conduits par force, & pour cela point trop bien affectionnez: des autres presument de sçauoir beaucoup, mais venans sur le fait, s'estourdissent, ou par faute de courage, ou par l'obscurité de la nuict, & principalement, és pays larges & pleins, esquels ils n'y a, ny arbres, ny montagnes, qui les facent resouuenir du chemin. Dont il sera le meilleur d'en auoir plusieurs, & s'il est possible, en repartir vn en chacune trouppe: de sorte que l'vn se trompant, le second ou le troisiéme, s'apperceuant de la faute, la puisse amender. Mais n'en ayant à suffisance, on les repartira le mieux qu'on pourra, en laissant tousiours quelque auantage à l'auant-garde, pour la tant mieux asseurer.

*Guides & leur necessité & examen.*

*Auant-garde doit estre tousiours auantagee des guides.*

Les guides, soyent à pied, ou à cheual, doiuent tousiours preceder les trouppes, en garde de deux soldats qui en sçachent la langue; & que pour euiter confusion, nul autre ne parle à eux. Et lesdits soldats les doiuent bien soigneusement obseruer; s'ils les voyent en suspens, où regardans çà & là, comme incertains du vray chemin; en aduisant de bonne heure l'officier, afin qu'il y appelle des autres, selon qu'il luy semblera necessaire, pour s'en pouuoir asseurer. Mesmes aucunefois, ils sont liez, afin qu'ils ne s'enfuyent.

Outre ceste diligence, il y en a encor vne autre, de non petite importance; à sçauoir que chacune trouppe ait la queuë de celle qui la precede, vn pair de soldats, l'vn desquels s'arreste quand on vient à vne voye croisee, pour monstrer le chemin aux suiuans. Et en ceste maniere, on ne s'asseure seulement du chemin, ains on empesche aussi qu'vne trouppe ne se mesle auec l'autre: qui est vne charge particuliere des Lieutenans des compagnies, que marchans à la queuë, ils conseruent les trouppes vnies.

*Marchant de nuict, comment on ne faillira le droit chemin.*

De la part dont on presume le plus grand danger, il se faut fortifier d'vne trouppe des gens d'eslite, encor qu'on la deuoit choisir du corps entier: pource que si le premier front se vient à ployer, les autres seront de bien difficile conserue. Et pourtant les arquebusiers en nulle maniere seront mis deuant, principalement en pays estroit: ains en toutes occasions, de nuict, ne seront endurez, sinon à la queuë du troisiéme esquadron des lances, le reste se repartissant, comme on fait de iour en pays large.

*Arquebusiers où ils doiuent estre mis marchant de iour, soit par pays large ou estroit.*

Or en ceste trouppe de gens choisis, il n'y aura point de cornette, afin qu'il n'y ensuiue quelque inconuenient: ains elle sera libre, pour pouuoir auec

*Trouppe esleuë & enuoyee deuant pour receuoir toute rencontre, ne porte point de cornette.*

ferme resolution attaquer quelconque trouppe ennemie sans autre recognoissance.

Trouppe conduitte du general, & son office.

Apres s'ensuit la trouppe conduitte du chef de l'armee, pour attaquer, l'opportunité se presentant, ou pour seconder au trot, la premiere qui auroit attaqué: aduerti sur toutes choses, de n'y engager plus de gens qu'il n'est de besoin; veu que cecy est le principal respect, pour lequel il est mis en ce lieu.

Trouppes distantes, commét aduisees de l'vne à l'autre.

Parquoy il enuoyera tousiours trente ou quarante pas deuant sa trouppe vn officier, auec deux ou trois autres soldats, desquels il soit aduisé à chacun moment, de ce qui se passe au premier front, à sçauoir si elle perce, ou non: tant pour n'y point employer plus de gens qu'il n'est besoin, que pour auoir du temps, pour se retirer au costé, pour inuestir par le flancq l'ennemy, s'il auoit repoussé la premiere trouppe.

Trouppes conduittes des Capitaines particuliers, & leurs aduertissements.

Les autres trouppes seront conduites, des Capitaines particuliers, auec ordre de se retirer du chemin, si le lieu le permet. Et s'il est trop estroit, ils vseront des mesmes diligences, d'y auancer des personnes, qui leur facent rapport de ce qui se fait és trouppes precedentes, dequoy ie donneray vn exemple.

George Basta raconte vn sien exploit aupres de Contwich.

Au siege d'Anuers, mis par le Duc de Parme, ie me trouuay au bourg de Iournaut, auec vne partie de la cauallerie legere: ou ayant eu langue, que l'ennemy estoit passé de Bergen opzoom à Malines, auec mille cheuaux, auec dessein d'enuictuailler Brucelles, reduitte à l'extremité, ie m'en allay au village de Ranst, ayant enuoyé deuant quelques autres cheuaux, au pont de Wallem, pour sçauoir le retour des ennemis, qui sur le soir commencerent à passer. Dequoy aduisé, ie m'acheminay auec mes gens deuers Contwich, village situé sur le grand chemin, entre Malines & Anuers, tenans mes trouppes en l'ordre susdit. Et combien que pour l'aduis reçeu au parti de Ranst, que l'ennemy eut passé Contwich, i'y auoy enuoyé le Capitaine Contreras, & le Capitaine Labich auec les arquebusiers, pour l'attaquer: eux toutesfois ayant trouué que l'ennemy n'estoit encor passé, s'y arresterent iusques à mon arriuee, laquelle fut droictement à poinct, que les auant-coureurs des ennemis y vindrent. Et doutant que mes arquebusiers, qui estoyent deuant, ne fussent les premiers à occuper le chemin, i'y fis, auec diligence, entrer l'esquadron que i'auoy esleu pour estre le premier à inuestir, lequel estoit de soixantes lances, conduites de Iean Goleme Lieutenant de mon frere, qui à la premiere rencontre rebouta quelque peu d'eux cornettes de Reistres, de l'auantgarde: lesquelles s'estant reprises, furent par moy inuesties auec la seconde trouppe, qui estoit de deux compagnies, l'vne du Prieur d'Vngrie, & l'autre de mon frere, & auec la chaleur que luy donnoit la troisiéme, conduite de Don Sancho de Leua, fut l'ennemy mis en route, auec la conqueste de quatre cens cheuaux, & deux estendarts des Reistres, mais peu de morts, à cause de l'obscurité de la nuict. Exploit qui pouuoit reüssir au contraire, sans ce secours de faire entrer les lances deuant les arquebusiers, lesquels sans doute par vn tel corps de Reistres, eussent esté renuersez sur les trouppes qui les suiuoyent.

## CHAPITRE X.

*Du marcher de iour par vn pays estroit.*

SI le marcher de iour par pays large est si dangereux, que sera-ce de l'estroit, auquel les derniers ne peuuent secourir les premiers? Veu que si les premiers sont repoussez, ils poussent & desfont les seconds, & ceux-ci les tiers, & ainsi de l'vn à l'autre iusques à l'extrémité de la queuë: De sorte que cinquante cheuaux seuls, qui rompront la premiere trouppe seront bastans pour confondre vne armee entiere, les suiuans n'ayans lieu où se retirer, du choq des premiers. Vne armee facilement desfaite en lieu estroit.

Dont le Capitaine prudent, en semblable occasion vsera de tres-exquise diligence. Premierement, qu'il ait bonne cognoissance du pays par lequel il aura à passer, à sçauoir; où c'est que le chemin s'astreint plus ou moins, où sont les passages difficiles, d'où sont les aduenuës de l'ennemy, pour les preoccuper des arquebusiers, qui en nulle autre occasion ne peuuent donner meilleur secours aux lanciers, y mettant pied à terre, & se tenant ou sur quelque precipice, ou en quelque lieu bas, ou hors du chemin, ou derriere vne fosse ou haye, pour les asseurer aux flancqs; dequoy ne faudra d'ensuiure le tresbon effect, pouuans donner chaleur à vne trouppe, combien que desfaite, pour se remettre. Mais s'ils ne peuuent estre ainsi disposez aux costez: il vaudra mieux se deporter de s'en seruir en front en aucune maniere; & se mettront en queuë de la seconde trouppe des lances, afin d'en pouuoir, en l'occurrence, estre plus facilement auancez. Capitaine marchant par pays estroit commét à informer. Arquebusiers en quelle occasion de plus grand seruice aux lanciers. Arquebusiers ne pouuans seruir aux flancqs où se doiuent colloquer.

Puis s'estant ainsi informé de la qualité du chemin, le Capitaine enuoyera diuerses trouppes des auant-coureurs, en certaine distance de l'vne à l'autre: & en apres y acheminera ses trouppes, aussi en distance conuenable, qui pour le moins sera de cent pas, faisant vn bon front de gens d'eslite, de laquelle, comme on sçait, tout le reste dépend. Auant-coureurs redoublez en pays estroit.

Il donnera aussi ordre expres aux Capitaines qui sont en front, & aux lieutenans à la queuë des trouppes, qu'ils n'y laissent entrer ou s'y entre-mettre aucun bagage ou autre empeschement: & que l'ennemy chargé de la premiere trouppe, & icelle suiuant la victoire, les autres obseruent tousiours ladite distance, afin que les trouppes ne se confondent ensemble, comme il est aduenu souuent par faute des chefs, lesquels ou pour se trouuer à la meslee, ou importunez par les cris des soldats desireux de la proye, se sont laissez tirer à approcher inconsiderément des premiers, qui venans à estre repoussez, s'ensuit vn total desordre. De sorte que ceci, quant à ladite distance doit estre inuiolablement obserué: & l'officier qui y faut, merite d'estre puni en toute rigueur, parce que les bons ordres du general qui ne se peut trouuer par tout ne seruiront de rien, s'il n'y auoit moyen de les faire obseruer bien estroitement: Dont le Capitaine soit bien aduerty de ne s'y laisser tirer par les braueries des soldats interessez: croyant mesme, que plusieurs d'iceux, voire ceux, Ordre pour acheminer les trouppes, & leur distance. Capitaines ne se doiuent empescher de la distance requise. Distance d'vne trouppe à l'autre, à obseruer auec toute rigueur. Capitaine quand il doit retenir les soldats desireux de combatre.

peut estre,qui crient le plus, seront les premiers à s'enfuir,quand on viendra à mener les mains: ly & note bien vn exemple à ce propos, digne de consideration.

Erreur de la distance non obseruee, monstré en vn exemple.

Pierre Fran. Nicelli Capitaine de la garde du Duc de Parme, estant au fort de Nimege,& enuoyé auec quatre compagnies vers Arnem, pour prendre langue,separa ses trouppes assignant à chacune la deuë distance, & se mit luy-mesme à front contre l'ennemy, qui venoit aussi pour le mesme effect: Mais ledit Nicelli le rencontrant le mit en fuitte, & en print plusieurs prisonniers. Or poursuiuant auec sa premiere trouppe la victoire, il rencontra vne trouppe fresche des ennemis, accompagnee de quelques pietons, qui attendoyent le retour de leurs compagnons, auancez; & les voyant retourner fuyans,attaquerent les nostres,qui desordonnez, furent facilement contraints à tourner bride:dont ployez, ils s'aheurterent sur ceux qui les secondoyent,sans auoir obserué la distance requise:de sorte que de main en main les trouppes s'estant entremeslees,ils furent tous desfaits sans iamais pouuoir plus faire teste,auec perte de plusieurs soldats, & de la personne mesme dudit Nicelli,& de Don Francisco d'Aualos,& du Capitaine Padilla, qui y demeura mort sur la place.

George Basta obseruant la deuë distance d'vn esquadron à l'autre,en fit grand seruice au Duc de Parme en la desfaite des Anglois à Rosendal.

Vn tel desordre pouuoit aussi estre succedé à Rosendal, quand le Duc de Parme y rompit les Anglois, ou cependant que le Capitaine Nicolas Cesi poursuiuoit la victoire par vne chaussee,sur laquelle le Duc mesme,auec le Marquis de Robais se trouuoit en personne, auec plusieurs autres chefs de l'armee,où l'ennemy s'estant repris auec peu de cheuaux, se tourna pour inuestir l'auant-garde,& la mit en tel desordre, que ledit Duc mesme, auec l'espee en la main,ne la peut retenir: Ie conduisoy la seconde trouppe faicte de la compagnie de Nicelli, & de celle de Robais, & preuoyant le mal qui en pouuoit naistre,ie me retins, obseruant la distance necessaire. Et voyant, comme ie m'en estois douté, les gens retournans en vne fuitte, ie fis à Alexandre Fantone Lieutenant de Nicelli se mettre au pied de ladite chaussee, pour en retirer les cheuaux qui s'y trouuoyent, afin que les gens y peussent passer sans empeschement: & à ceux qui y demeuroyent, ie leur fis baisser les lances,& s'auancer au trot,afin que desdits fuyants le front de l'esquadron ne fut troublé. Et par ce moyen l'ennemy fut retenu, & derechef mis en route:là où n'ayant pris ce parti,d'obseruer la distance requise, ie n'eusse eu le temps de faire place,demeurant en vn danger manifeste de desordre, aussi de ma seconde trouppe,& apres elle,de toutes les suiuantes.

## CHAPITRE XI.

### *Du sortiment des Capitaines & trouppes és cheuauchees extraordinaires.*

AYant deduit,quant au marcher les preceptes requis aux exploits ordinaires,il m'a semblé que ie ne deuois obmettre ceste matiere, combien qu'elle ne tend à autre fin, que pour euiter quelque mescontentement qui pouuoit resoudre des pretensions ambitieuses des Capitaines, desireux d'estre les premiers à marcher, & auoir les premiers lieux, quand on va à quelque entreprise. Nous auons dit dessus, que la conduitte de l'auant-garde, & des autres parties d'vne armee, sont changees par tout, chacun iour selon le roolle, que les furiers en ont, apres qu'on en a ietté le sort, pour le premier iour. Or aduient-il souuent, qu'apres l'arriuee au quartier, & le Guidon general logé, il faut mander, ou toute la cauallerie, ou partie d'icelle, pour effectuer quelque exploit. Lors on n'est astreint à l'obseruation de l'ordre susdit: ains le general ayant assigné le temps & le lieu, auquel on se doit rendre, la premiere trouppe qui se trouuera au rendez-vous, aura le premier lieu, la seconde, le second, & ainsi ensuiuant. Et s'il aduient qu'ils y arriuent plus à la fois, qu'il n'en faut pour vn esquadron, on y iettera le sort: & par ce moyen tous seront contentez. Ioint que tous les Capitaines pour ne point estre reprochez de coüardise, seront plus diligens à se trouuer audit lieu, pour obtenir, sinon le premier, pour le moins quelque autre rang honorable. Chose à laquelle ils iroyent assez froidement, s'ils sçauoyent deuant que de monter à cheual, le rang & lieu qu'ils tiendront.

*Lieu de la septiesme & huictiesme Figure.*

*7. Figure.*

Comme toute ou la plus grande partie de la cauallerie logee, ainsi qu'il est monstré en la troisiéme figure, s'vnie en la place d'armes, & comment elle est ordonnee pour marcher, auec le soupçon en queuë, dont l'alarme luy est venu.

A *Auant-coureurs laissez derriere.*
B *Autres auant-coureurs redoublez.*
C *Trouppe de lances qui ayant là esté pour garde, est sortie en campagne à la defense des entrees principales, iusques à ce que toute l'armee soit en ordre & acheminee.*
D *Trouppe d'arquebusiers, qui retournant de prendre langue conduit quelques prisonniers, à laquelle vn soldat de la garde* H *montre le chemin pour entrer en la place d'armes.*
E *Auant-coureurs mandez pour costoyer le chemin de tous les deux costez.*
F *L'officier retournant de leuer les sentinelles de ceste part.*
G *Sentinelles de front, à leuer quand leurs compagnies sont passees. Et celles des espaules les leuant apres que l'armee est acheminee.*
H *Corps de garde d'arquebusiers pour la defense du pont.*
I *Guides gardez des soldats, & presentees d'vn officier du Capitaine de campagne aux trouppes de l'auant-garde, pour y estre disposees selon le besoin.*
K *Chef de l'armee assistant à la place d'armes pour demeurer en queuë du bataillon.*
L *Second chef qui attend pour demeurer en l'arriere-garde.*
M *Commissaire general acheminant les trouppes.*
N *Fin de l'auant-garde, & commencement du bataillon.*
O *Fin du bataillon, & commencement de l'arriere-garde.*
P *Trouppe de 60. d'eslite, qui sans cornette demeurent en l'arriere-garde.*
Q *Village dont est sorti le bagage.*
R *Trouppe d'arquebusiers qui marche en garde du bagage.*
S *Charriage & bagage.*
T *Officiers du Capitaine de campagne conduisans les valets de la cauallerie, qui en partie sont montez sur les sommiers de leurs maistres.*
V *Trois mulets du general.*
X *Capitaine de campagne auec ses sergents, & les guides & prisonniers au milieu.*
Y *Les trouppes de l'auant-garde qui s'acheminent, dont la premiere est des lances, de suitte alternatiue.*
Z *Trouppes d'Arquebusiers.*

## 8. *Figure.*

En suitte de la septiéme on voit l'ordre au marcher de l'auant-garde, bataillon, & arriere-garde, auec le soupçon en queuë, soit de nuict ou de iour, tant en pays large qu'estroit.

A *Progrez & fin de l'auant-garde.*

B *Le bataillon qui marche moins garni d'arquebusiers, pour en laisser l'auantage là où on en pourroit auoir besoin.*

C *Guidon general de la caualerie accompagné des particuliers choisis, reformez, & auanturiers.*

D *Le general demeurant d'arriere-garde en queuë de sa compagnie.*

E *Le reste de l'arriere-garde.*

F *Arquebusiers flanquans les chemins là où la situation le comporte.*

G *Cheuaux du general conduits à la main.*

H *Cheuaux du lieutenant.*

I *Cheuaux du Commissaire general.*

K *Commissaire general tournoyant les trouppes, afin qu'elles marchent en bon ordre.*

L *Lieutenant general en queuë de l'arriere-garde, pour se trouuer en teste, si l'ennemy s'approchoit.*

M *Trouppe d'eslite, pour receuoir toute rencontre.*

N *Auant-coureurs mandez aux chemins qui entrent au principal par lequel on doit marcher.*

O *Arquebusiers qui au haut, ont mis pied à terre, pour flanquer tant le chemin bas que les lances.*

P *Petite trouppe de lances, qui asseure lesdits chemins & aduenuës.*

Q *Soldat renuoyé des auant-coureurs, aposté pour asseurer les gens & le chemin.*

# DV GOVVERNEMENT DE LA CAVALLERIE LEGERE.

## LIVRE QVATRIESME;

Qui monstre la maniere de la ranger & ordonner en bataille contre autre cauallerie legere.

*IL est certain que tous les aduertissemens donnez sur les choses militaires, s'addressent principalement à ceste fin, qu'vne bataille soit bien ordonnee, comme le moyen plus necessaire pour esperer, si on ne s'en peut du tout asseurer, la victoire. Et ordinairement le Capitaine plus expert de cest affaire, sera non seulement maistre de la campagne, mais aussi ayant esgard à toutes les autres choses requises, aura vn heureux succez de paruenir à la fin derniere & principale de la guerre. C'est donques vne matiere de tres-grande importance: & pour en parler à suffisance, il faudroit faire mention des Batailles en general, & en examiner les premiers fondements de la disposition, tant de la cauallerie, que de l'infanterie, de la diuersité des armes, des occasions, des ennemis, & de plusieurs autres considerations dépendantes de la charge du general Maistre du camp. Mais, quant à nous, comme nous auons fait iusques à present, nous demeurerons és termes proposez au commencement de ce discours, traitant ceste matiere, autant qu'elle attouche le Commissaire general: monstrant comment la cauallerie legere doit estre rangee en bataille, contre autre cauallerie legere, à sçauoir lances & arquebusiers. Apres nous verrons les deuoirs des officiers és batailles: & finalement feront vne comparaison des lances & des cuiraces: question tres-frequente, en la decision de laquelle nous aurons occasion de considerer la force de chacune de ces sortes de cauallerie selon ses armes. Matiere aussi, qui ne faudra d'apporter fruict au Lecteur.*

Cauallerie legere contient les lances & arquebusiers: les corazzes n'estant comprises sous ce tiltre.

## CHAPITRE I.

*De l'ordonnance des trouppes en bataille.*

NOvs diuiserons ceste matiere en trois chapitres. Au premier nous verrons quelques opinions, sur le repartiment des trouppes, en vne bataille. Au second nous proposerons nostre aduis sur ce poinct: & au troisiesme nous respondrons à quelques obiections.

Quand donc au premier, presupposant de parler des ordonnances qui se font par élection en vne campagne libre, & non de celles qui par incommodité des lieux, ou autres respects sont forcees. Ie trouue que la cauallerie legere peut estre disposee en bataille, en quatre manieres. A sçauoir l'vne en file, que vne trouppe se tienne derriere l'autre: l'autre que toutes se tiennent de front, l'vne au costé de l'autre en ligne droite: la troisiéme est l'ordonnance faillie en esquadrons meslez en certain nombre l'vn derriere l'autre, & la quatriéme, lunaire, c'est à dire, en forme de demie lune. De la premiere, nous en auons assez parlé au liure precedent, & demonstré pourquoy on n'en doyue vser: à sçauoir, de peur que le premier esquadron estant desordonné, les autres suiuans ne s'en resentent. Ioint que c'est vne faute non legere, mais tresgrande, de faire combattre si peu de gens en vn front si estroit.

Ce traicté d'ordonnance s'entend en campagne libre.

Ordonnance d'vne trouppe derriere l'autre tres-dangereuse.

La seconde, de mettre toutes les trouppes de front en vne ligne droicte, à deux defauts bien notables. Le premier est, que les trouppes ainsi rangees, ne se peuuent couurir & flanquer l'vne l'autre. Le second, que elles n'ont aucune trouppe de reserue, ains toutes ensemble se presentent en vne mesme rencontre, & à pareille fortune: & auec danger de se confondre, par le moindre accident qui y pourroit suruenir. Dequoy ie proposeray vn exemple bien clair & notable.

Ordonnance de toutes les trouppes en vn front, ses defauts & dangers, declaré par vn exemple suruenu à Monsieur de la Nouë.

Monsieur de la Nouë, assiegeant de la part des Estats, le Chasteau d'Ingelmunster, auec bon nombre de cauallerie, s'estoit choisi vne place fort auantageuse, en laquelle on ne pouuoit entrer sinon par vn sentier, capable seulement de deux ou trois cheuaux en front. Ceste entree estoit flanquee de deux bonnes manches de mousquetaires: & au dedans de ladite place, il y auoit en face vn moulin à vent, qui commandoit l'entree ditte, aussi garny de mousquetaires: Et plus auãt Monsieur de la Nouë, sans se soucier de l'infanterie laquelle n'en estoit gueres esloignee, auoit rangé en bataille huict cens cheuaux, en vne ordonnance ainsi estenduë vn esquadron au costé de l'autre, auec determination, comme ie croy, de tailler en pieces tous ceux qui y oseroyent entrer. Or estoit le Marquis de Robais general de la cauallerie du Roy, sorty auec sept cens cheuaux, & cinq cens pietons, de Courtray, pour le recognoistre: & approché de ladite place, d'vn conseil plus courageux que prudent, fit auancer les cinq cens pietons vers les manches des susdits mousquetaires, & ordonna que la cõpagnie de Nicolas Basta, mon frere, qui pour lors n'y estoit present, & celle de George Carisea, qui estoient en l'auant-garde, commençassent à passer. Ce qui fut fait premierement par George Carisea, & comme il fut passé, auec enuiron vingt & cinq cheuaux, voici vn Capitaine des ennemis nommé Setton, Escossois, qui s'auançant du front ennemy, vint tout droit contre luy. Carisea ne voyant meilleur parti, que celuy qui estoit tant honorable que necessaire, s'auança aussi auec telle valeur & resolution, pour receuoir ledit Setton, qu'il le fit ployer, le renuersant sur le front des autres esquadrons. Où Carisea, voyant l'occasion, n'en perdit point le temps, ains donna telle charge aux ennemis, que il se mesla auec eux. Et le reste de la mesme trouppe conduitte de Iean Golemma Lieutenant de mon frere, & la seconde qui estoit encore entiere, estant cependant passez, s'auancerent aussi, & attaquerent tellement les ennemis, desia mis en desordre, qu'ils les desfirent du tout, auec la mort de plusieurs tant cheuaux que pietons, & la perte de Monsieur de la Nouë mesme. Dont on voit quels inconueniens peuuent suruenir à telle ordonnance faite sans raison, causez de quelque petit accident, qui y suruient à l'improuiste. I'ay tousiours entendu qu'on loüoit ce Capitaine d'vne singuliere prudence: & moy-mesme ie l'ay tenu pour tel: Mais ie croy que pour lors, comme il aduient à ceux qui seruent aux republiques, son auctorité estoit limitee de quelque compagnon, de sorte qu'il n'auoit la puissance de faire tout ce qu'il vouloit. Outre ce, qu'y estant arriué le iour precedant, il n'auoit eu le temps pour bien recognoistre le lieu, occupé en l'ordonnance du siege. Et combien qu'il l'eust recognu à suffisance, si n'est-il possible qu'vne personne puisse tout voir, & assister par tout, pour donner addresse à l'execution des commandemens. Il auoit aussi disposé les manches des mousquetaires en lieu auquel elles ne luy pouuoyent faire aucun seruice, le froment estant en ces lieux si haut, qu'il couuroit les soldats, de sorte qu'ils ne pouuoient appoincter leurs tirs contre l'ennemy. Et n'y a point de doute que si ledit Monsieur de la Nouë l'eust veu, il y eust donné les remedes competents, chose qui par ces executeurs ne se pouuoit si bien faire. Mais, quoy qu'il en soit, certainement celuy qui auoit ainsi ordonné ces gens, en vne file estenduë en vn front, s'est bien lourdement trompé, ne sçachant, ou ne pensant, que les esquadrons de lances, pour faire leur effect, doiuent iouër par les flancqs: chose qui en telle estenduë de l'ordonnance ne se peut faire. De sorte que telle ordonnance sera tousiours de peu de seruice, & pourra facilement estre desfaite.

*Empeschemens de l'ordonnance estenduë.*

La troisiéme est celle que nous appellons faillie, à sçauoir de trois ou quatre esquadrons de front, auec telles distances de l'vn à l'autre, qu'autant d'autres esquadrons logez aussi en front, derriere iceux y puissent passer sans aucun empeschement. Laquelle à mon aduis est bien meilleure que les deux susdictes: mais toutesfois point trop propre pour ceste armature. D'autant que les arquebusiers estendus en file, & ayant occupé lesdites distances, ils empescheroyent les esquadrons de lances, qui y deuoient entrer, & ce non sans danger de tresgrande confusion: ou bien il les faudroit retirer de ces

*Ordonnance faillie n'est trop propre, & sans exceptions.*

[illegible]

A
A
B
C
C
B
Fig

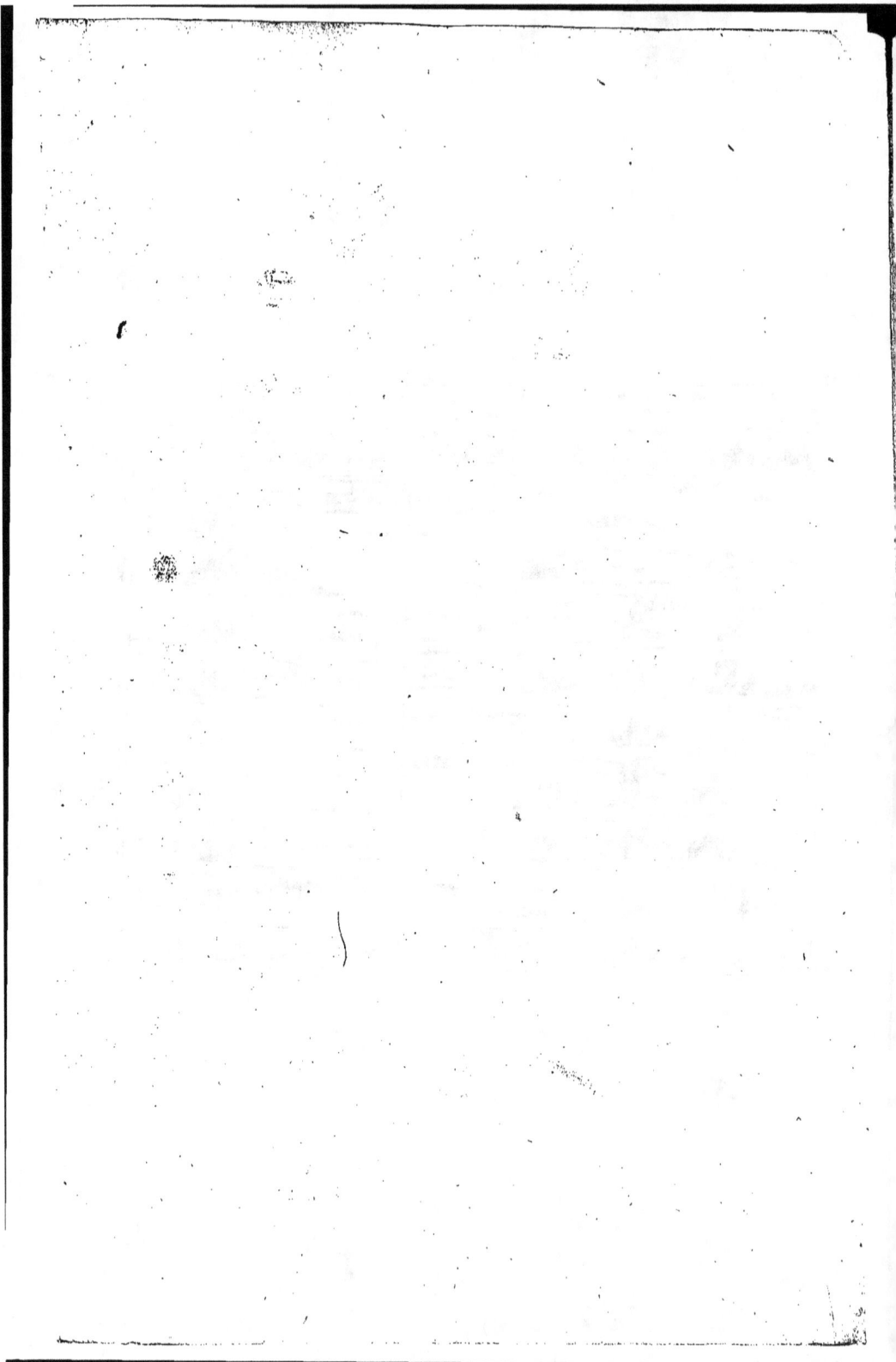

de ces interualles, & les mettre aux aisles, où ils seroyent exposez aux premiers assauts de l'ennemy: qui est le plus grand inconuenient, qu'en ceste matiere on pourroit rencontrer, comme il a aussi esté demonstré au liure precedent.

Il reste donques que nous admettions la quatriesme, qui se fait en forme d'vne demy-lune pour bonne. De laquelle nous dirons au chapitre suiuant, comme elle se fait, & quelles en sont les procedures.

*Lieu de la neufiesme Figure.*

9. *Figure.*

Les trois sortes de rangs des batailles de la cauallerie legere, reprouuez du Comte Basta.

A *L'ordonnance en file, à sçauoir d'vne trouppe derriere l'autre.*
B *L'ordonnance estenduë des trouppes toutes en front.*
C *L'ordonnance faillie, des files alternatiues des lances & arquebusiers.*

## CHAPITRE II.

### *De l'ordonnance lunaire.*

Arquebusiers de quel vsage à la queuë des trouppes, des lances, & leur lieu en l'ordonnance lunaire. Ordonnance lunaire descrite.

LEs trouppes des arquebusiers, desquels nous auons dit, qu'ils doiuent marcher alternatiuement à la queuë des lances, se doiuent auancer au combat au costé dextre des lances qui le precedent, de sorte qu'ils soient de mesme front, auec distance de trente à quarante pas, où ils s'estendront en file. La premiere trouppe commence à la pointe de la corne dextre. La seconde se met au costé senestre de la precedente, mais auec le front quelque peu retiré en dedans: & ainsi s'ensuiuent les autres, iusques au milieu, dont les suiuantes vont tousiours en sortant, iusques à la pointe extréme de la corne senestre, en faisant lesdites pointes égalles. Et ainsi verra-on qu'au milieu elle sera vn grand sein, à la queuë duquel on met en distance de huictante pas, deux trouppes de reserue, ou vne, pour le moins. Les arquebusiers sont distribuez en sorte que les extrémitez des cornes soient defenduës des lances: desquelles tant moindres que seront les trouppes, à sçauoir de vingt & cinq à trente cheuaux, tant meilleurs seront leurs effets pour percer & penetrer.

Trouppes de reserue & leur lieu.

Arquebusiers doiuent estre defendus des lances en l'ordonnance lunaire.

Trouppes en quel ordre poussees à la bataille.

L'ordonnance donc faite en telle sorte, on donne instruction & ordre qui sera le premier à inuestir, & qui le second: faisant d'ordinaire le commencement és extrémitez & pointes, les autres ensuiuans de main en main iusques au milieu; lesquels n'estans suffisans pour la victoire, on y fait aussi approcher les trouppes de reserue, qui sans doute sont celles qui donnent le ieu gaigné. Et ne se doit-on faire à croire, que l'ennemy seroit si osé, de s'attaquer pour la premiere rencontre au milieu, s'y mettant comme en vne tenaille, exposé à vne infinité d'arquebuzades & des rencontres de tous costez, la forme lunaire ayant cest auantage, que toutes les trouppes se peuuent flanquer l'vne l'autre, tant pour leur defense, que pour l'offense de l'ennemy, & de quelconque trouppe, qui en quelconque lieu les voudroit attaquer.

Trouppes de reserue quand à appliquer.

Ordonnance lunaire fort auantagee.

Arquebusiers sans faire corps espars par la campagne pour receuoir & molester l'ennemy deuant que venir aux mains.

Deuant que venir à la meslee sera bon d'enuoyer quelque nombre d'arquebusiers extraordinaires (c'est à dire, non point du nombre de ceux qui flanquent les trouppes de l'ordonnance) qui espars par la campagne sans faire aucun corps, reçoiuent l'ennemy, le molestant de tous costez de leurs tirs: l'ennemy cependant ne trouuant entre eux à qui s'attaquer, & eux plus libres pour tirer & charger. Et au besoin ils pourront estre sustentez de quelques lances s'auançans de l'auant-garde & conduites, sans estendart toutesfois, de leur lieutenant. Les arquebusiers qui ont leur rang en l'ordonnance à la dextre des lances, pour faire leur coup aussi bien que les lances deuers la senestre, venans en vne file droite, pour plus commodément faire leurs tirs: estans approchez de l'ennemy de quarante ou cinquante pas pour le plus, arresteront leurs cheuaux & feront leur salue vers le lieu, que les lances veulent attaquer. Les lances aussi accomplissant incontinent leur dessein, cependant que l'ennemy est encor en branle & desordre.

Arquebusiers quand & comment seruent en bataille.

I'ay dit que les arquebusiers se doiuent arrester, car autrement ils ne feront aucun coup asseuré. Et estans pour cest effect plus seurs & courageux sous la couuerture des lances, ils ne s'auanceront iamais deuant icelles, ains y demeureront auec elles en front esgal: & les lances aussi ne seront en danger, qu'ils soyent renuersez sur elles. Ce qui pouuoit suffire pour ceste matiere à mon aduis assez esclarcie: mais d'autant qu'on y pourroit opposer quelque chose, auec apparence de raison, i'en feray encor vn chapitre, pour response de ce qu'aucuns estiment du contraire.

## CHAPITRE III.

### *Obiection & responce sur l'ordonnance lunaire.*

IL y a aucuns qui voyans cest' ordonnance tant estenduë ou distraicte, & fort debile aux flancqs, comme celle qui est composee de petites trouppes, estiment qu'elle pourroit bien facilement estre percee & enfoncee d'vn iuste esquadron, qui resolument l'iroit attaquer. Et pour demonstration certaine, se font fors d'en emporter la victoire auec mesme nombre de gens, & mesme armature, les rangeant en autre ordre. L'ordre en est tel: De faire trois gros esquadrons, desquels les deux attaquent les deux poinctes ou cornes de l'ordonnance lunaire, & la troisiesme s'auance au milieu; Esperans que toutes ces trouppes tant debiles & legeres, seront facilement enfoncees, de celles-cy, plus fortes & pesantes, dont toute l'ordonnance demeurera démembree & défaite. Raison qui a assez d'apparence chez ceux, qui n'entendent, que la force des lances ne consiste en la grosseur & pesanteur des trouppes, qui luy est plustost dommageable, dont on s'apperceura que cent lances diuisees en deux trouppes, surmonteront cent & trente, ou d'auantage serrees en vn esquadron: comme il a esté dit dessus au premier liure, & dirons encor cy apres: de sorte que si on la regarde de pres, on la trouuera vaine. Car ces trois esquadrons pour obtenir leur dessein, il faut qu'ils s'esloignent beaucoup l'vn de l'autre, & qu'ils monstrent les costez descouuerts aux trouppes qui en ladite ordonnance lunaire demeurent libres, lesquelles non seulement les peuuent molester de leurs arquebusades de loin, mais aussi à trouppes entieres les assaillir, & percer lesdits costez. Et si on me respond, que ces grands interualles seront occupez de grosses aisles d'arquebusiers; Ie respõds, que tant pis pour eux; parce que n'estans suffisans pour faire vn corps qui puisse soustenir vn choc, & estans en grand nombre, peu de lances les mettront en fuitte, auec danger de les renuerser sur leurs propres lances: & s'ils s'enfuyent loing, les espaules & flancqs demeurent exposees à l'offence des petites trouppes, qui facilement courent par tout, heurtant & perçant là où il leur plaist. Et l'esquadron du milieu sera en plus grand danger, comme celuy qui a les deux costez esgalement engagez: & tant plus que les deux trouppes du milieu de la lunaire, comme agiles pouuoient decliner le choc, & s'eslargissans se ruër sur les flancqs, laissant le soin du front aux esquadrons de reserue: de sorte que ce gros esquadron se trouueroit comme pris en vn sac plein d'offences.

Demonstration opposee à la forme lunaire.

Demonstration au contraire pour la forme lunaire.

Concluons donc que pour la Cauallerie legere il n'y a meilleur repartiment des trouppes, tant pour le respect d'elles mesmes, que pour la consideration de l'ordre requis en bataille contre la mesme armature, que ce dernier. En vn autre endroit ie monstreray aussi, comment elle doit proceder contre autre sorte de cauallerie.

*Lieu de la dixiéme Figure.*

10. *Figure,*

Representant l'auant-garde que mille cheuaux legers, disposez en forme lunaire, & en corps de 25. aura en vne bataille contre trois esquadrons de lances de mesme, & en plus grand nombre, rangez en autre ordonnance.

2 *Esquadron de 2 ou 3 cens, plus ou moins, qui va attaquer le milieu de l'ordonnance lunaire.*

3 *Esquadron de moindre nombre qui va attaquer la corne dextre de ladite ordonnance.*

4 *Esquadron de mesme nombre allant attaquer la corne senestre.*

5, 6, 7 *Trois trouppes d'arquebusiers qui flanquent lesdits esquadrons* 2 *&* 3, *contre la corne droite des lances.*

8, 9, 10 *Trois autres trouppes d'arquebusiers faisans le mesme aux esqu.* 2 *&* 4 *contre la corne senestre.*

A *Chef de l'armee donnant les ordres à la corne dextre de la bataille.*

B *Trouppe de lances auancee contre le front de l'esquadron 3.*

C *Arquebusiers auancez deuant* B, *pour desordonner ledit esquadron par leurs tirs.*

D *Trouppe qui auance huict lances contre les arquebusiers* 5, *afin qu'ils n'offensent les arquebusiers* C.

D *Encor huict lances auancees contre les arquebusiers* 7, *afin qu'ils n'endommagent les arquebusiers* E.

E *Arquebusiers auancez contre l'esquadron* 2, *afin que les lances* F *y facent meilleur effect.*

F *Lances auancees contre le flanq de l'esquadron* 2, *là où les arquebusiers* E *ont fait leurs tirs.*

G *Lances auancees contre le front de l'esquadron* 2.

H *Lances auancees pour mesme effect.*

I *Arquebusiers auancez contre la corne dextre de l'esquadron* 2, *par où les lances* H *desseignent l'assaillir, le defendans aussi des arquebusiers* 8.

K *Lances qui auec dessein d'attaquer les deux trouppes d'arquebusiers 9 & 10, se repartissent là où moins on les attendoit.*

L *Arquebusiers enuironnans la corne & le flanq de l'esquadron 4, pour y faire leurs descharges.*

M *Lances suiuantes pour attaquer ledit esquadron apres les tirs des arquebusiers.*

N *Lieu du chef, qui se tenant à la corne senestre, s'est auancé auec les lances* M.

O *Officiers à la queuë de l'ordonnance.*

P *Trouppe de lances là apostee pour couurir les arquebusiers* T *espars, & inuestir l'esquadron 4, au flanc ou aux espaules, ou là où le besoin le requerra.*

Q *Lances desmembrees de la trouppe* P, *se tournans pour prendre les arquebusiers 9 aux espaules.*

R *Autre trouppe de lances couurant ses arquebusiers* T, *qui s'estant espars molestent l'ennemy aux flancqs & espaules.*

S *Lances auancees de la trouppe* R, *pour prendre les arquebusiers 6 par les espaules.*

T *Arquebusiers hors de l'ordonnance lunaire, qui espars par la campagne molestent l'ennemy de tous costez.*

V *Commissaire general, qui fait auancer les trouppes selon que le besoin le requiert.*

X Z *Les trouppes de reserue.*

*Les autres trouppes restantes & demeurantes en l'ordonnance, sont reseruees pour le dernier besoin, & pour flanquer les trouppes de reserue.*

*Note que toutes les trouppes tant arquebusiers que lances, apres la rencontre, se peuuent retourner pour reprendre l'ennemy par les espaules, auec plus grand dommage, & principalement celles, qui ont desfait les arquebusiers ennemis.*

## Chapitre IV.

### *De l'office du General, de son Lieutenant, & du Commissaire au combat.*

CE Chapitre contient non seulement des choses qui necessairement doiuent estre cognuës, mais aussi assez curieuses: tombant souuentes-fois en dispute, quel soit l'office ou charge tantost de cest, tantost d'vn autre officier, en l'ordonnance d'vne bataille. Dont ie traicteray en premier lieu du General de la Cauallerie, son Lieutenant, & Commissaire general. Apres des Capitaines particuliers des compagnies, & finalement des porte-enseignes.

Officiers de la Cauallerie changent de lieu & de charge selon qu'elle se trouue ou auec ou sans le reste de l'armee.

Quant au premier, la Cauallerie se pouuant trouuer vnie auec le reste de l'armee, ou aussi est la personne du Generalissime; ou separee; esquelles occasions les charges & qualitez de ces chefs reçoiuent quelque varieté (n'estant tousiours les mesmes charges conuenables en temps & lieux diuers) nous sommes forcez de sortir quelque peu, pour mieux esclarcir ce poinct, de nos termes proposez, disans premierement de ce qu'il y a à considerer, quand elle se trouue iointe à l'armee, & puis quand elle en est libre & à part soy, qui est le propre suiect de ce discours.

Quand elle se trouue iointe à l'armee, laissant à part la forme & maniere de disposer les esquadrons de la Cauallerie (qui est l'office du Generalissime) ie dis, que le combat de la Cauallerie se peut entendre en deux manieres: ou tout ensemble (chose qui aduient rarement) ou bien en plusieurs fois, à trois ou quatre trouppes ensemble. Si toute la Cauallerie doit combatre ensemble: le General sans autre conduira le premier esquadron des lances. Et quand il faudra que plusieurs esquadrons bataillent en vn mesme front; le General se mettra en la corne dextre, & son Lieutenant en la senestre.

General en quel lieu se tient quand toute la Cauallerie doit combatre.

General & Lieutenant en quel lieu: quelques trouppes combatant à la fois.

Mais si la Cauallerie se doit mouuoir en plusieurs diuerses fois, à quelques trouppes ensemble par fois: les premieres trouppes seront conduites du General: le Lieutenant general, selon l'opinion d'aucuns, assistant en la seconde: Mais sans raison, à mon aduis, sont engagez ces deux chefs principaux en vne premiere rencontre: outre ce qu'vn tel chef, qui d'ordinaire est personnage de grande experience, se doit reseruer pour vn temps & lieu, auquel il puisse faire meilleur seruice. Chose qui se trouue tousiours au second lieu, où il faut estre riche & prompt en beaucoup de parties, pour changer les ordres, & auancer les secondes trouppes, selon que la fortune des premieres se changera. Et si le General au poinct de la meslee change d'aduis sur l'ordonnance de la bataille, qui en sera l'executeur, si le Lieutenant general se trouuoit engagé de mesme auec le General? Peut estre qu'on me dira, que le Commissaire general en pourroit suppleer le defaut, comme la troisiesme personne de la Cauallerie: mais pour en dire le vray, ce ne seroit bien fait, de charger sur vn, ce qui pour deux seroit encor assez forte charge.

Le Commissaire a desia assez, de faire, selon sa charge, iouër ses esquadrons, & remedier subitement à tous accidens qui peuuent suruenir, changeant aussi selon l'occasion de lieu, sans s'arrester nulle part : & apres auoir employé ou mis en œuure les autres trouppes, se tient au front de la reserue, pour secourir là où il sera besoin: qui est la charge plus importante en vne bataille ou rencontre: estant l'opinion vniuerselle de tous, que les trouppes de reserue sont celles, qui causent la victoire, & qui donnent l'asseurance à toute l'armee; moyennant que iusques à la défaite de l'ennemy elles demeurent vnies ensemble, & lors luy donnent vne charge au trot, de sorte qu'il n'ait le loisir de se refaire & reprendre haleine, comme il est suruenu aucunesfois. Et combien qu'on rencontre quelque empeschement, qui interrompt le cours de la victoire : ayant fait son deuoir, la loüange n'en sera pourtant moindre, que si elle estoit acquise. Mais pour preuenir tous les inconueniens par lesquels elle est interrompuë ; il y faut estre tres-rigoureux, mettant à mort quiconque se desbande : car autrement c'est chose difficile de retenir les soldats desireux de la proye. Et celuy qui distribuë la reserue soit aduerti de l'encharger à personne loyale ; & qui sçache certainement, qu'il ne faut passer d'vn seul poinct des ordres donnez.

Office du Commissaire general en bataille.

Lieu du Commissaire en bataille.

Trouppes de reserue, leur vtilité & necessité en vne bataille.

Rigueur pour obuier aux inconueniens qui empeschent la victoire.

Chef de la reserue quel il doit estre.

I'en ay veu aucuns, qui au commencement de la victoire, ou par nonchalance ou par autres interests, ont permis aux soldats de se desbander, au pris de quelque notable danger. Mais les chefs de l'armee, en nulle maniere ne doiuent dissimuler semblables fautes.

De toutes les choses susdites, peut-on bien comprendre que le Commissaire general doit estre personne de grande experience au maniement de la Cauallerie.

Ayant donc parlé du lieu de ces trois personnages en bataille, il reste encor, pour donner contentement à aucuns, que nous monstrions en quel lieu & rang ils marchent. Or quand la Cauallerie est iointe auec le reste de l'armee: le General se doit trouuer en l'auant-garde : combien que s'il n'y a soupçon de quelque rencontre ennemie, vn tel personnage se deuroit tousiours trouuer en la compagnie du Generalissime. Mais le Lieutenant general, quand on marche, le General y estant present ou absent, se doit tousiours trouuer en ladite auant-garde, pour prendre de son autorité & experience, sans perte de temps, le party, que l'occasion, qui s'escoule facilement, demandera.

General en quel lieu marche, la Cauallerie estant iointe au reste de l'armee.

Lieutenant general où il marche.

Mais si la Cauallerie est seule & esloignee du reste de l'armee, de sorte que le General y represente le chef absolu: il ne marchera point en l'auant-garde, ains au bataillon, pour pouuoir commander en tous endroits. Et le Lieutenant sera en l'auant-garde, comme auons dit: & le Commissaire aura le soin, que les trouppes marchent selon les ordres donnez.

General en quel lieu marche, la Cauallerie estant seule.

Lieu du Lieutenant.

Lieu du Commissaire general.

Il y reste encor vn doute touchant les compagnies, que chacun de ces trois offices a comme propre: à sçauoir si elles sont tant au marcher, qu'en autres affaires, suiettes aux ordonnances militaires, comme les autres compagnies de la Cauallerie, ou bien si elles en sont libres & exemptes. A quoy

Compagnie du Lieutenant general n'est exempte des autres charges militaires.

Compagnie du Commissaire n'est point exempte, ains plus chargee.

ie responds, que la compagnie du Lieutenant general ne iouyt d'aucun priuilege, comme aussi ne de celle du Commissaire general, laquelle l'accompagne, quand il va recognoistre les quartiers & autres lieux : & demy douzaine d'iceux, luy font la garde au logis, afin qu'il soit aduerti de bonne heure, quand on sonne quelque alarme; & l'accompagnent quand il fait la ronde: & luy seruent en plusieurs autres occurrences, en sorte qu'il n'ait besoin de trauailler les autres compagnies.

Mais la compagnie du General, deuant tousiours assister à sa personne, & luy faire la garde, sera seule exempte, c'est à dire, non tenuë de changer tous les iours son lieu au marcher, comme les autres qui changent à leur tour, selon le rolle des furiers: de sorte que le General arriuant à l'auant-garde, & s'y arrestant, il peut tenir sa compagnie chez soy pour s'en seruir, & comme libre, la peut encor incorporer auec la trouppe de l'auant-garde : toutesfois que ce soit sans preiudice du Capitaine, auquel la conduite de l'auant-garde est escheuë; & ne seroit raison de la luy oster, pour la donner à sa compagnie: & les bons esprits allans tousiours mendians les occasions de s'acquerir honneur: le General, comme pere de tous, ne les y doit empescher, ains est obligé de les y auancer de tout son pouuoir.

## CHAPITRE V.

### *De l'office & lieu d'vn Capitaine de compagnie en bataille.*

Capitaine & son deuoir.

LE Capitaine, comme chef, doit seruir d'exemple à ses soldats, & estre le premier à s'exposer au danger, quand l'occasion se presente. Car si le soldat remarque quelque crainte en son Capitaine, il ne sera trop prompt au hazard: & au contraire, combien que le soldat soit craintif, si est-ce, que voyant son Capitaine entre les premiers, il prendra courage de le suiure. En somme, vn bon Capitaine fait son soldat; il cognoit les vaillans & les caresse, pour s'en seruir au besoin: il note les lasches, & les reprend auec rigueur, voire les reiette, sans se soucier de l'amoindrissement de sa compagnie. Et de fait, i'aimeroy mieux dix hommes courageux, que cent craintifs : d'autant que si quelque disgrace me suruenoit, ayant fait mon deuoir, le petit nombre m'excuseroit: mais si auec le grand nombre de ceux-là i'estois défait, ie ne sçaurois comment m'excuser en remettant la coulpe sur les soldats : estant tenu, comme Capitaine, de les cognoistre & discipliner.

Capitaine doit chastier les soldats lasches & les casser, sans se soucier de la diminution de sa compagnie.

Capitaine en quel lieu au combat.

Et ceste est la cause pour laquelle, en toute occasion de combat, le Capitaine se doit tousiours presenter deuant sa compagnie, auancé de deux ou trois corps de cheuaux de distance d'icelle. A la main gauche se tiendra le porte-enseigne auec la cornette en main, comme guide de la trouppe. Le Lieutenant suiura à la queuë, auec l'espee au poin, pour promptement chastier le soldat qui commettra quelque lascheté, voire le tuant: vn seul vilain estant assez pour faire honte, voire mettre en route toute vne armee, & n'estant semblables gens dignes de vie. Ioint que dissimulant auec l'vn, on ne

Le porte-enseigne & son lieu au combat.

Lieutenant en quel lieu, & quel est son office au combat.

Vn soldat lasche suffit pour ruiner vne armee.

peut faire moins, que dissimuler aussi auec les autres: de sorte que l'exemple est plus dangereux que le faict mesme.

S'il y a plusieurs compagnies en vne trouppe, les Capitaines seront esgaux, comme aussi les Porte-enseignes, & les Lieutenans à la queuë; combien qu'à mon aduis il y auroit assez d'vn, les autres s'auançant vers le front, ou on auroit plus affaire de leur assistance : d'autant que les compagnies estant iointes, font vn seul corps, & l'officier peut chastier le soldat, encor qu'il ne soit de sa compagnie.

Lieutenans quand ils s'auancent vers le front.

Officier és compagnies iointes peut chastier vn soldat qui n'est de sa compagnie.

## Chapitre VI.

### *Du lieu & obligation du porte-enseigne au combat.*

Nous auons dit que le Porte-enseigne va deuant la trouppe à la main senestre du Capitaine, auec la cornette en main, comme guide des autres. Chose qui semble estrange à ouyr, veu que l'enseigne est le signe auquel les soldats sont reduits & vnis, pour la suiure, comme leur guide, ainsi qu'il en est de la banniere de l'infanterie, & de l'estendart des hommes d'armes, cuirasses, & des ferrarols, dont elles sont colloquees au milieu des esquadrons, & obseruees comme chose sacree auec si grande ialousie, que les soldats ne les peuuent abandonner sous peine de la hart : & celuy qui la porte, obligé de la defendre iusques à la mort. Dont on en a veu plusieurs, qui plustost que de delaisser leur enseigne, se sont laissez tuer enueloppez en icelle. Mais tout au contraire la Cornette a ceste obligation, d'estre rompuë sur l'ennemy. Dequoy plusieurs ont esté esmeus d'en recercher la raison.

Cornette des lances, son lieu & discours.

Obligation des port'enseignes.

On doit donques sçauoir que l'inuention de la cornette en la Cauallerie legere est nouuelle; car il me souuient qu'és dernieres guerres de Piemont, ie l'ay veuë sans cornette, & qu'au lieu d'icelle l'Alfier ou porte-enseigne tenoit vne banderolle, quelque peu plus grande que celles des soldats, & de couleur diuerse pour estre cognuë. Et de fait, la cauallerie legere n'estoit guere estimee au pris des hommes d'armes, iusques à ce que les lances rafinees du Duc d'Alue en sorte qu'elles peussent seruir pour l'vne & l'autre armure, eurent l'occasion d'acquerir la cornette.

Cornette de la Cauallerie legere est de nouuelle inuention.

Cornette quand & comment acquise à la Cauallerie legere.

Puis, quant à ce qu'elle est portee en front, il y en a qui pensent que ce soit à raison de son mouuement violent, auquel on ne peut obseruer l'ordre ne de file, ne autrement, de sorte qu'elle ne se pourroit tenir au centre. Mais la raison n'est suffisante: car le mesme se pourroit dire des hommes d'armes, qui pour faire leur effect prennent aussi carriere, en laquelle ledit ordre de file ne peut estre obserué, ne l'estendart retenu en lieu certain & permanent. Dont ie dirois plustost, que combien que la banderole fut changee en cornette, toutesfois son lieu qui estoit en front, n'a esté changé: comme aussi ne l'obligation de la rompre, l'occasion se presentant sur l'ennemy. Chose qui, peut estre, se conceda aux requestes des Alfiers, estimans que cest hon-

Cornette de la Cauallerie legere pourquoy portee en front.

neur fait à la compagnie feroit à leur preiudice, s'ils eftoyent colloquez au milieu, où ils ne pourroyent monftrer leur proüeffe, comme auparauant, quand felon leur obligation ils la rompoyent fur l'ennemy. Mais ceux qui ainfi ne la veulent rompre, feront contraints de la retenir au centre.

Cornette mife au centre quand on ne la veut rompre.

Arquebufiers font fans cornette.

Les arquebufiers l'ont auffi plufieurs fois demandee, mais ne fçay, où felon leur office ils la pourroyent loger, ne comment ils la pourroyent conferuer. Dont auffi iufques à prefent ils ne l'ont obtenuë.

Porte-enfeigne ne doit recouurer la cornette rompuë.

Or le porte-enfeigne eftant ainfi obligé de rompre la cornette : il y en a qui demandent, s'il ne feroit auffi tenu de la recouurer? Mais il me femble que non: veu que la cornette n'eft mife en œuure auec plus de reputation que la banderolle, qui comme vne fimple lance s'abbaiffoit contre l'ennemy. Et feroit non feulement hors de propos de la rompre pour la recouurer par apres, mais auffi mal-feant de l'enarbrer ou efleuer, fi apres d'eftre rompuë, elle luy fut rapportee, comme vne chofe abandonnee. Dont en la Cauallerie legere on n'eftime iamais la cornette perduë, fi elle ne vient entiere en la puiffance de l'ennemy.

Cornette de la Cauallerie legere, quand eftimee perduë.

Porte-enfeigne comment & quand doit rompre fa cornette.

Il y a des autres, qui demandent, fi l'Alfier fatisfait à fon deuoir, rompant fa cornette aux efpaules de l'ennemy, ou fur l'infanterie? Ie refponds qu'ouy, ne s'y trouuant, & ne s'y pouuant donner aucune limitation. Cependant il n'y a point de doute, que tant plus honorablement elle fera rompuë, tant plus il en acquerra d'honneur. Et faut noter, que la cornette enarbrée, oblige le foldat à fe tenir en trouppe: & l'ennemy tournant bride, fans attendre la rencontre, l'Alfier luy doit, s'il eft poffible, rompre la cornette au dos, pour en defobliger les foldats : l'ennemy ne pouuant eftre fi bien pourfuiuy, & tant endommagé d'vne trouppe vnie, que quand elle eft defbandee. Si le porte-enfeigne ne fe trouue prefent au combat ; la cornette fera affignee, non point au Lieutenant, comme aucuns le font, veu qu'il feroit empefché de faire fon office, & fon eftat amoindri, mais pluftoft à quelque foldat de la compagnie, qui y comparoift aupres, moyennant qu'il foit tel, qui au defaut de l'Alfier, en pourroit pretendre la charge, nonobftant que elle fut demandee de plufieurs, les en laiffant debattre entr'eux, veu qu'elle ne peut efchoir qu'à vne perfonne.

Cornette à qui à configner en abfence du porte-enfeigne en l'occafion du combat.

Porte-enfeigne en figne de reuerence encline fa cornette, & à qui, & origine de cefte ceremonie.

Quant à la matiere de la cornette, il y a encor vn poinct de nouuelle introduction, à fçauoir, qu'à l'imitation de la banniere de l'infanterie, le porte-enfeigne, la premiere fois le iour qu'il rencontre le Generaliffime, encline la cornette (& aucuns le font toutes les fois qu'ils le rencontrent) en figne d'obeïffance. Laquelle recognoiffance eut fon origine de la puiffance de pouruoir les compagnies, leur femblant eftre vn certain deuoir de ce faire en figne de plus grande reuerence enuers vn chef de fouueraine authorité. Chofe qui ne fe fait aux autres: de forte que ce feroit vn tres-grand abus, fi le General de la cauallerie vouloit demander le mefme. Et de fait le Marquis de Robais fut le premier qui le demanda : & d'autant que les chofes de ces Prouinces n'eftoyent, pour lors, trop bien eftablies, & ledit Marquis, perfonne qui y pouuoit faire grand dommage, & auec cecy nouuellement reconciliee à fa M. Le bon Duc de Parme pour ne le defgoufter, d'vn con-

Cornette ne s'encline au General de la cauallerie.

sentement couuert & sans dire mot, conceda que en signe d'honneur les lances luy fussent abbaissees, & non point l'estendart, qui se reseruoit, comme auons dit, pour l'honneur du Generalissime. Et, à mon aduis, ledit Robais se pouuoit bien dispenser, de demander telle chose, veu que ceste inclination des lances, ou l'estendart demeuroit sans bouger, ne luy augmentoit point d'autorité, ains estoit vn tesmoignage euident, d'vne certaine limitation d'icelle.

En ceste action, ne l'Alfier, ne les soldats ne sont tenus de se descouurir la teste, s'ils ne se trouuent sans lance, & la main libre. De mesme en est-il, si en marchant, quelque soldat enuoyé pour faire quelque message, s'approche du General, ou ayant la lance en main, sans toucher au chappeau, luy fait la reuerence en abbaissant quelque peu la teste. Chose qui leur est permise du general, pour monstrer qu'il a plus de respect au bien public, & au prompt seruice des soldats, qu'aux ceremonies de son honneur.

Porte-enseigne & soldats comment font la reuerence à leur general.

Par l'occasion de ceste inclination de l'estendart, me souuient d'vn abus & mal-seance qui de peu de temps en çà a esté introduite en la cauallerie, à sçauoir, de porter des Images des Saincts és cornettes. Chose qui encor qu'elle seroit concedee à aucuns, ce seroit seulement au Guidon general, deuant lequel tous les estendarts & bannieres de l'armee s'enclinent: mais à mon aduis il vaudroit mieux qu'aux cornettes on portast quelques emblémes & deuises, laissant les Images des Saincts où elles puissent estre reuerees comme il conuient.

Images des Saincts portees par abus & malseance és cornettes.

## Chapitre VII.

### *Comparaison des cuirasses & lances.*

L'Introduction des cuirasses en la France, auec vn total bannissement des lances a donné occasion de discourir, quelle armure seroit la meilleure. Et quant à moy en estant tout au commencement de ce doute, requis de quelque personnage, en ay librement tant de bouche que par escrit, donné mon aduis; & demonstré tant l'vsage que l'effect de chacune espece, selon la longue experience que i'en ay euë: dont m'a semblé que ce ne seroit hors de propos, ne peine perduë, d'adioindre ce petit discours aux superieurs, comme non seulement important de ceste matiere du gouuernement de la cauallerie legere, mais aussi encor tiré en doute de plusieurs de ce mestier.

C'est vne chose claire que la victoire n'est pas tousiours chez celuy, qui deuance son ennemy de force, ou l'esgale en valeur & fortune; ains plus souuent est obtenuë de celuy qui a bons soldats, bien disciplinez & bien conduits: où on voit par experience, que toutes sortes d'armes ne sont pas propres pour toutes sortes d'exploits, comme aussi on n'en peut tousiours proceder d'vn mesme ordre. La lance le demonstre assez euidemment: estce qu'estant mise en œuure proprement, elle est si puissante & necessaire, que l'ouuerture & desordre d'vn esquadron ennemy arriuant, elle en peut obtenir la victoire: mais mal appliquee & gouuernee, reüssit du tout inutile.

La lance de grand effect quand elle a ce qui y est requis.

La lance pour obtenir ses effects requiert quatre choses.

La lance donques pour estre vtile, & d'effect pour percer vn esquadron, requiert quatre choses. La premiere, que le cheual soit tresbon, d'autant qu'il faut attaquer & inuestir l'ennemy auec grand roideur & violence. La seconde, que la campagne soit propre pour la carriere, à sçauoir dure & plaine. La troisiesme, que le soldat soit tres-bien exercé au maniement de la lance; chose qui n'est du mestier d'vn chacun. La quatriesme, qu'elle soit repartie en petits, & non pas en gros esquadrons: tant pource que, comme on voit, seulement les deux premieres files viennent ioindre l'ennemy, & ce, peu vnies à cause de la diuersité des carrieres, que d'autant que ceux qui les suyuent, par la mesme raison s'empeschans l'vn l'autre, seroyent contraints pour faire quelque chose, de se mettre sur le trot, & mal vnis se ietter de l'vn ou de l'autre costé pour prendre leur carriere; dont il faudroit abandonner leurs lances, n'en pouuant endommager l'ennemy. De sorte que tant plus grand que sera l'esquadron, tant en sera aussi plus grande la confusion & le desordre, les plus tardifs estans delaissez de ceux qui sont mieux montez, qui tousiours veulent penetrer plus auant: & est impossible de se pouuoir remettre, & reünir pour reprendre nouueau party.

Lance à repartir en petites trouppes, & non en grands esquadrons, & desordres qui autrement ensuyuent.

Cheual leger ne peut seruir de cuirasse encor qu'il ait le pistol.

Desquelles raisons se peuuent aussi esclarcir ceux qui voudroyent que les cheuaux legers, apres auoir rompu les lances, se reioignissent pour se seruir des pistoles, comme les cuirasses: ne se resouuenant, que les lances, pour faire leur effect, sont diuisees en petites trouppes, & passent parmy les ennemis, en telle confusion & desordre, qu'il est impossible de se reünir à temps, pour faire rencontre des cuirasses. Ie me tais du desauantage qu'elles auroyent se mettant en corps gros, armez ainsi à la legere, & bien à cheual, à l'espreuue des cuirasses, qui sont vne armure pesante, & en cheuaux de moindre prix, auec danger d'vne perte manifeste, sans aucun, ou bien petit, profit: comme aussi d'autres raisons qui se peuuent tirer du premier liure, & les suyuans, dont n'est besoin d'en faire des longues repetitions.

Lances en quel nombre par trouppe.

Et pour se bien seruir des lances, il faut qu'elles soyent reparties en esquadronceaux de vingt & cinq ou trente cheuaux: & non en ordonnance à file, comme aucuns François le veulent, estant le front large trop debile; ains serrez comme en vn nœud, afin que les premiers faisans le coup, & les seconds confortez de ceux qui les suyuent, facent comme double effect, & plus grand que feroyent les deux simples files distraittes de l'aide & soustien de celles de derriere.

Lances restreintes en vn nœud & pourquoy.

Lances quand & comment font leur carriere.

Ces esquadronceaux ainsi disposez, pour attaquer l'ennemy, se mettront en carriere, non plus loing d'iceluy, que d'enuiron soixante pas, qui est autant que le cheual peut supporter, afin qu'ils n'y arriuent las & sans vigueur: outre ce, que de tant plus courte qu'est la carriere, tant plus vnie sera la trouppe.

Voila donques pourquoy la lance n'est bonne pour tout lieu, ne en gros esquadron: & toutes sortes de gens & cheuaux n'y sont propres. Dont reüssit la difficulté d'en faire leuée.

Lances de difficile leuée.

Cuirasse, son vsage, force & proprietez.

D'autre part c'est le propre de la cuirasse, de se tenir vnie en vn gros esquadron, & comme vn corps solide; & tant plus gros & vni qu'il sera, tant plus grande aussi en sera la force & effect. Dont pour ne se relascher ou des-

vnir,

vnir, elle attaque au trot, n'vsant de galop, sinon quand il faut charger l'ennemy mis en fuitte. Cuirasse inuestit au trot: & quand se met au galop.

Donc elle en tire plusieurs commoditez; La premiere, qu'elle peut supporter le terrein mol & mal vni, és lieux incommodes: & puis les cheuaux se mouuent au trot esgalement, & pour mediocres qu'ils soient, (comme ordinairement sont les cheuaux de Flandre, trop pesans pour la lance,) on s'en peut seruir. Aussi tout homme armé à la maniere de la cuirasse, se peut habiliter à ceste armature, auec quelque peu d'exercice, dont procede la facilité d'en faire grande leuee: & finalement, chacun en son endroit, encor qu'il soit au milieu & ne combate, a toutesfois son effect au pois & au choc, se mouuant vny auec les autres. Cuirasse commode & de facile leuee.

En apres, quant aux armes, si on considere les defensiues: elles sont impenetrables de la lance, combien que des temps passez on dit qu'elles n'en estoient trop seures, peut estre que le fer estoit plus fin & aigu. Dont il faut tascher de blesser le cheual, qui aussi en vne ordonnance si druë, ne monstrant que le front, n'est si facilement attaint. Ioint qu'on trouue qu'és cuirasses toutes les files, dés la premiere iusques à la derniere, retiennent leur vsage & effect.

Tous ces auantages de la cuirasse font que les lances leur sont demeurees inferieures, non seulement de credit & reputation, mais aussi de force & effect; & faut qu'elles leur cedent, de seules à seules, & quand aussi bien que les cuirasses, elles seroient contraintes de se tenir en gros esquadrons. Mais si mille cuirasses deuoient combatre contre mille lances reparties en petites trouppes, elles seroient facilement percees & deffaites des lances, qui en petites trouppes font plus grand effect: comme on void qu'en ceste maniere cent lances peuuent emporter cent cuirasses & dauantage. Ie dis de seules à seules, d'autant qu'il y en a qui sont d'aduis, que les lances secondees des cuirasses, encor qu'en moindre quantité, seront superieures à autres cuirasses: car disposees en la maniere susdite en petits esquadronceaux de vingt & cinq à trente lances, & procurant de gaigner le flanc des cuirasses contraires, & mouuant leur carriere en iuste distance & à roideur, elles les ouuriront en telle sorte, que leurs cuirasses y suruenant, y trouueront vn tres-grand auantage. Et en cas qu'elles ne peussent gaigner ledit flanc, elles se mettront enuiron soixante pas deuant les cuirasses, qui les secondent en la meilleure forme que le lieu permettra: & de là se iettant auec furie & resolution contre les cuirasses ennemies, elles y feront facilement le mesme effect, comme si elles les auoient attaqué au flanc, le tout consistant en ce qu'elles soient mises en desordre. Lances contre cuirasses en grands esquadrons seront inferieures. Lances en petits esquadrons surmontent pareille quantité des cuirasses. Lances secondees de cuirasses seront superieures à autres cuirasses. Lances doiuent gaigner le flanc aux cuirasses, & quel parti à prendre quand cela ne se pouuoit faire.

I'auroy ici occasion à discourir si les arquebusiers ioints aux lances, seroient si propres pour desordonner vn esquadron, que les lances secondees en la maniere susdite; chose que par plusieurs raisons ie tiens pour impossible: mais ce seroit entrer en longs discours, pour traicter des mousquets, beaucoup plus offensifs aux cuirasses, & d'autres armes & circonstances, qui ne sont de nostre propos & dessein.

Or des susdites qualitez de ces armures ie serois d'aduis que sa Maiesté deuroit en toute maniere admettre les cuirasses en sa Cauallerie, en telle proportion, que des quatre parties, les deux fussent desdites cuirasses, la troisiesme de lances, & la quatriesme d'arquebusiers. Et s'il sembloit difficile de reduire aucunes compagnies de lances en cuirasses, on pourroit oster les lances aux hommes d'armes du pays, & leur donner la pistole. Et de fait, la Noblesse leur estant grandement defaillie, ne pouuant pour le peu d'entretenement se maintenir de cheuaux suffisans & propres à la lance : si on en faisoit des gros esquadrons, & mettoit la Noblesse qu'on y trouueroit en front, garnie de trouppes de Cauallerie legere de lances & arquebusiers, sans doute ce seroit pour en faire tres-grand effect, & particulierement en France.

Cependant, que les lances ayent patience, de ceder à l'inuention des cuirasses, veu que combien que du temps passé elles ont obtenu quelques victoires, ç'a esté en combatant contre autres lances: là où maintenant au fait des armes, auquel on se fournit des corps gros & puissans, si elles vouloient attaquer les cuirasses, ie les asseure, qu'elles y auroient du pire.

*Lieu de l'onziesme & douziesme Figure.*

11. *Figure.*

## Premiere Partie.

Que cent lances vnies en esquadron, attaquant 150 corasses, & moins encores, seront desordonnees & défaites.

A *Esquadron de 150 coraces.*
B *Capitaine de la corne senestre, faisant le carracol de pas.*
C *Official en teste, faisant le carracol au trot.*
D *Capitaine de la corne dextre, carracolant de galop, pour euiter la rencontre des lances.*
E *Un Lieutenant, qui au costé droit se tient quelque peu au large, de galop.*
F *Official de costé senestre, retenant le cheual, pour serrer la trouppe, qui commence à faire front aux lances.*
G *Lieutenant à la queuë, serrant la trouppe au trot.*
H *Esquadron de 100 lances qui cerchant le flanc des coraces, mais bien peu l'attaignans, & le reste donnant au vuide, est de soy-mesme desordonné.*
I *Le lieu auquel les lances pensoient gaigner le flanc aux coraces.*
K *Capitaine des lances, qui estant passé sans effect, procure de reünir l'esquadron.*
L *Lances desordonnees par la diuersité des carrieres.*

## SECONDE PARTIE.

### Que cent lances reparties en quatre trouppes, de 25 chacune, ayant gaigné le flanc aux coraces, n'y feront toutesfois grand effect, si les coraces sont bien adroites, voire mesme y receuront quelque dommage.

M *Esquadron de 150 coraces.*
N *Capitaine au pas.*
O *Officier au trot.*
P *Capitaine au galop.*
Q *Lieutenant au costé droit.*
R *Officier au costé gauche.*
S *Lieutenant à la queuë. Tous faisans le carracol auec le mesme mouuement, & intention d'euiter la rencontre des lances sans desordonner l'esquadron.*
T *Esquadronceaux de 25 lances, venans pour gaigner le flanc au lieu asigné, & voyans que les corasses gauchissent la rencontre, se tiennent plus haut, mais y arriuent trop tard.*

## TROISIESME PARTIE.

### Que cent lances bien reparties, & gaignans les deux flancs de 150 coraces, en seront victorieuses.

V *L'esquadron des coraces enserré au milieu des lances.*
X *Esquadron qui attaquant l'angle droit des coraces l'a desordonné.*
Y *Esquadron qui serre le flanc droit, & le défait.*
Z *Esquadron qui emporte l'espaule senestre des coraces.*
& *Esquadronceau qui vient attaquer l'angle senestre du front, & le trouuant desordonné, y fera grand effect.*

## 12. *Figure,*

En laquelle est demonstré, que mil coraces ordonnees en quatre esquadrons, l'vn desquels aussi estant de reserue, seront vaincuës de ceste ordonnance des lances seules; qui est d'vne demy l'vne double, ayant les cornes composees d'vne ordonnance faillie, rangees en telle proportion, que combien que quelques trouppes en fussent démembrees, toutesfois la forme lunaire y demeure asseuree & defenduë. Et est ceste ordonnance composee des deux approuuees du Comte Basta, l'empeschement des arquebusiers en estant osté.

A *Premier chef de mille cheuaux, se tenant à la corne droite.*
B *Second chef à la corne senestre.*
C *Commissaire general, pour y donner les ordres necessaires.*
D *Corps de reserue.*
E *Autre corps de reserue.*
F *L'officier à la queuë des trouppes.*
2, 3 *Esquadrons ennemis de 300 coraces chacun.*
4, 5 *Esquadrons ennemis de 200 coraces chacun.*

FIN.

# INDICE ET RECVEIL, AVQVEL CHACVN OFFICIER TROVVERA ce qui sera de sa charge en tous occasions de guerre.

## A.



## B.

## C.

M.



N.



O.

T.



V.



FIN.

DE L'IMPRIMERIE,
De SALOMON IVMELIN, le 3. de Mars 1616.

www.ingramcontent.com/pod-product-compliance
Lightning Source LLC
Chambersburg PA
CBHW052052270326
41931CB00012B/2726